자본의 재생산

Die Bürgfchaft.

Zu Dionys dem Tirannen fchlich
Moros, den Dolch im Gewande,
Ihn fchlugen die Häfcher in Bande.
Was wollteft du mit dem Dolche, fprich!
Entgegnet ihm finfter der Wütherich.
„Die Stadt vom Tyrannen befreien!"
Das follft du am Kreuze bereuen.

Ich bin, fpricht jener, zu fterben bereit,
Und bitte nicht um mein Leben,
Doch willft du Gnade mir geben,
Ich flehe dich um drey Tage Zeit,
Bis ich die Schwefter dem Gatten gefreit,
Ich laffe den Freund dir als Bürgen,
Ihn magft du, entrinn ich, erwürgen.

프리드리히 폰 실러의 시, 「인질」Die Bürgschaft, 1799.
이 시는 시칠리아의 참주 디오니시우스와 청년 다몬 그리고 다몬의 친구에 관한 이야기다.
다몬은 폭군 디오니시우스를 암살하려 했지만 실패하고 처형될 참이다.
그는 죽기 전 누이의 결혼식에 참석하고 오게 해달라고 간청하면서 친구의 목숨을 담보로
걸었다. 디오니시우스는 다몬의 부탁을 받아들이며 덧붙인다.
"만약 네가 돌아오지 않으면 친구를 너 대신 처형하고 네 죄는 묻지 않겠다."

열아홉 살의 마르크스는 문학청년이었습니다. 대학에 들어가
자마자 시인 클럽에 가입했지요. 베를린 대학에서 공부한 내
용을 아버지에게 보고하면서 맨 처음 거명한 것이 시였습니
다.[1] 연인 예니에게 곧바로 노트 세 권에 달하는 시를 써 보낼
정도로 좋아했습니다. 고전도 많이 읽었습니다. 첫 학기에 아
리스토텔레스의 『수사학』 일부를 번역했고, 타키투스의 『게
르마니아』*Germania*, 오비디우스의 『트리스티아』*Tristia*를 번
역했습니다. 그리고 직접 『스콜피온과 팰릭스』*Scorpion und
Felix*라는 소설과 『울라넴』*Oulanem*이라는 희곡도 썼습니다.

　　그는 법학과 철학, 나중에는 정치경제학까지 열심히 공
부했습니다만 문학작품을 늘 가까이 두었습니다. 아버지에
게 보낸 편지에서 그는 시를 '동반자'(Begleitung)라고 불렀는
데요(본격 연구 주제라기보다는 항상 곁에 두는 존재라는 의미에서
요),[2] 실은 문학 전체가 동반자가 아니었을까 싶습니다. 철학
과 정치경제학은 연구했지만 문학과는 함께 살았다고 할 수
있습니다. 런던 소호의 혹독하던 시절 그와 예니는 좁은 다락
방에서 셰익스피어의 희곡을 암송하며 버텼습니다. 나중에는
아이들까지 그 작품들을 암송했지요. 길을 걸을 때도 그랬습
니다. 마르크스는 아이들 앞에서 단테의 『신곡』을 암송하거
나 괴테의 『파우스트』를 연기했다고 합니다. 집에서는 단테,

세르반테스, 월터 스콧, 제임스 페니모어 쿠퍼, 발자크 등의 작품을 읽어주었고요.[3]

그러니『자본』에서 문학작품의 흔적이 발견되는 건 이상한 일이 아닙니다. 프리드리히 폰 실러(Friedrich von Schiller)의 작품도 그중 하나인데요. 그는 어렸을 때부터 실러를 즐겨 읽었고, 편지를 보내거나 글을 쓸 때 실러의 작품 속 문구를 곧잘 인용했습니다.[4] 마르크스에 따르면 실러는 속물을 잘 알아봅니다. 엥겔스에게 보낸 편지에서는 실러를 속물들에 대한 '유능한 감별사'라고까지 했지요.[5] 우리가 이번 책에서 다룰 『자본』의 해당 파트에서도 실러의 문구를 인용합니다. 속물이 여럿 등장하는 이번 내용에서 마르크스는 실러를 두 번 인용하는데요. 한 곳에서는 실러의 작품 속 인물이 언급되고 다른 곳에서는 실러가 쓴 문구가 인용됩니다. 사실『자본』I권 마지막 장에도 실러의 문구가 인용 표시 없이 인용되어 있습니다.

『자본』I권만 놓고 보면 최소한 세 곳에서 실러의 흔적을 접할 수 있는 겁니다. 그런데 흥미롭게도 이 세 곳 모두가 노동자의 '떠남'과 관련이 있습니다(두 곳은 명확히 그렇고 나머지 한 곳은 해석을 통해 그런 관련을 이끌어낼 수 있습니다). 노동자가 자본가와 계약을 맺는 것은 자유이지만 계약을 맺지 않고 자유롭게 떠나면 안 된다는 자본가의 이상한 메시지를 볼 수 있지요. 노동자에 대해 겉으로는 자유로운 존재라고 말하면서도 속으로는 자기 소유의 가축 정도로 여기는 자본가의 진심, 자본가의 속물성이 드러나는 대목들입니다.

속물은 제 잇속을 챙기면서 그것을 인간과 사회, 세상을 걱정하는 양심의 목소리로 위장하는 존재입니다. 마르크스는 맨체스터의 자본가 에드먼드 포터(Edmund Potter)가 그런 속물 중 하나라고 보았습니다. 그는 1863년 3월 『타임스』지에 노동자의 해외이주에 반대하는 편지글을 기고했는데요. 노동자가 자본가의 소유물은 아니라면서도, 노동자가 이주해버리면 "자본가는 어떻게 되느냐"라고 따지듯 물었습니다. 노동자들이 살기 어렵다는 건 알지만, 노동자가 떠나면 노동자의 상위 계급인 소상인은 어떻게 되며, 집세를 받지 못하는 집주인은 또 어떻게 되겠느냐고, 이것은 나라를 망치는 일이라고 흥분했습니다. 당장 굶어 죽게 생긴 노동자들에게 이기적이고 무책임한 존재라는 비난을 퍼부은 거죠. 사실은 제 이익이 축나는 것에 흥분했으면서 그걸 우국충정으로 포장하고 있습니다. 속물이란 이런 인간입니다.

마르크스는 "자본가는 어떻게 되느냐" 하는 포터의 물음에서 실러의 희곡작품 『간계와 사랑』*Kabale und Liebe*에 나오는 '시종장 칼프'가 떠오른다고 했습니다. 시종장 칼프는 수상 발터와 함께 온갖 간계를 꾸며 그 지위에 오른 사람인데요. 발터로부터 자신의 명예에 손상을 입힐 또 다른 간계에 가담하라는 요구를 받습니다. 처음에는 거절하지요. 하지만 발터가 전하(공작)에게 사표를 내고 다른 곳으로 떠나겠다고 말하자 칼프는 궁정 내 후원자를 잃어 자신의 지위가 추락할까 걱정하며 하소연합니다. 대학까지 나온 발터 당신은 떠나도 살길이 있겠지만 당신이 떠나면 나는 뭐가 되느냐고.[6] 명예와 행실을 따지던 칼프는 지위에 대한 위험을 감지하자마자 특유의 교활함을 드러내며 간계의 실행에 착수합니다. 속물이지요.

마르크스는 자본가의 지배적 유형이 바뀐다고 말하는 대목에서도 실러를 인용합니다. 초창기 자본가들은 절욕적 삶을 중시했습니다. 돈을 모으려면 개인적 소비를 최대한 줄여야 한다는 윤리가 지배했지요. 당시 부르주아 경제학자들은 자본가의 개인적 소비를 자본축적에 대한 도둑질로 간주했습니다. 그러나 자본주의가 발전하고 자본축적이 일정 규모에 이르자 자본가들은 더 이상 그런 식으로 살지 않았습니다. 자기 허리띠를 졸라맸던 선조에 대해 '인간적 감동'을 느끼기는 하지만 너무 고루하다고 생각했지요.

마르크스는 이 '인간적 감동'이라는 표현을 실러의 시 「인질」에서 따왔습니다.[7] 이 시는 시칠리아의 참주(僭主)였던 디오니시우스와 청년 다몬 그리고 다몬의 친구에 관한 이야기입니다. 다몬은 폭군 디오니시우스를 암살하려 했지만 실패하고 처형될 참입니다. 그는 죽기 전 누이의 결혼식에 참석하게 해달라고 간청합니다. 처형장에 반드시 돌아오겠다며 친구의 목숨을 담보로 걸었지요. 디오니시우스는 다몬의 부탁을 받아들이면서 덧붙입니다. 만약 네가 돌아오지 않으면 친구를 너 대신 처형하고 네 죄는 묻지 않겠다고. 다몬의 도망을 부추긴 셈인데요. 뭔가 '사악한 간계'가 있는 듯합니다.

다몬의 친구는 부탁을 받고 기꺼이 인질이 됩니다. 다몬은 누이의 결혼식에 참석한 후 서둘러 돌아오려 했습니다. 그러나 쉽지가 않았지요. 온갖 난관이 닥칩니다. 갑자기 비가 세차게 내리더니 강물이 불어나 다리가 떠내려갑니다. 가까스로 강을 건넌 후에는 강도들에게 봉변을 당하고, 나중에는 태양의 뜨거운 열기에 탈진합니다. 하지만 다몬은 도망과 포기를 부추기는 그 모든 난관을 뚫고 시간에 맞춰 처형장에 들어섭니다. 소식을 전해들은 참주 디오니시우스는 다몬과 친구의 우정에 '인간적 감동'을 느끼고는 자신도 그들의 친구가 되고 싶다고 말합니다. 실러의 시는 그렇게 끝이 납니다.

우정과 신의에 대한 감동적인 이야기인데요. 하필 마르크스는 이 감동적 장면의 연출자 중 한 사람인 디오니시우스 자리에 자본가를 두었습니다. 디오니시우스가 느낀 감동을 근대적 자본가가 느낀 감동으로, 즉 자본축적과 더불어 '사회적 부의 세계를 정복'하고 더 많은 '인간재료'를 착취하게 된 자본가가 초창기 자본가의 삶에 대해 느낀 감동으로 바꾸었습니다. 비열한 간계에 가담하는 시종장 칼프라면 모를까, 훌륭한 도덕적 감정을 갖게 된 디오니시우스를 자본가에 비유한 것은 적절치 않다고 생각할 수도 있습니다.

　　그러나 따지고 보면 청년들의 우정에 '인간적 감동'을 느꼈다고 해서 디오니시우스가 참주정을 끝낼지도 확실치 않고, 다몬이 도시를 참주의 폭정으로부터 해방하고자 했던 꿈을 포기할지도 의문입니다. 참주가 참주이기를 그만두지 않는 한 다몬이 디오니시우스와 우정을 맺기란 불가능하지요. 자본가가 자본가이기를 그만두지 않는 한 그가 느낀 '인간적 감동'이 그렇게 인간적으로 느껴지지 않는 것처럼 말입니다.

　　역사 속 인물인 시칠리아의 디오니시우스도 그랬습니다. 실러의 시에 등장한 디오니시우스가 정복 군주인 아버지를 모델로 한 것인지, 그 왕위를 물려받은 아들을 모델로 한 것인지는 확실치 않습니다. 그러나 둘은 모두 참주였고 폭군이었습니다. 플라톤이 철인 군주의 세상을 꿈꿀 때 아버지 디오니시우스를 찾은 적이 있습니다. 그러나 곧 기대를 접었지요.[8] 강력한 힘은 가졌으나 먹고 자는 것을 보자니 철학적 개선의 여지가 없었거든요(하루 두 차례 배터지게 먹고, 밤에 혼자서 잠자리에 드는 일이 결코 없는 생활이었다고 합니다). 참주 자리를 물려받은 아들 디오니시우스는 삼촌 디온과 철학자 플라톤의 우정에 시샘이 나서 그 사이에 끼어들고 싶어했습니다. 디오니시우스는 삼촌을 귀양 보낸 뒤 그를 인질 삼아 플라톤을 자기 사람으로 만들려고 했습니다. 플라톤에게 자신이 철인 군주임을 인정받고 싶어했지요. 그러나 실상 그는 끊임없이 음모와 간계를 꾸며낸 젊은 폭군에 지나지 않았습니다. 힘센 군주를 일깨워 훌륭한 통치자로 만드는 일, 실러의 시 속에서 다몬은 성공했는지 모르겠지만 현실에서 플라톤은 실패했습니다.

마르크스가 디오니시우스한테서 자본가를 보았다면 다몬한테서 노동자를 보지 못할 것도 없습니다. 다몬은 왜 도망칠 수 없었을까요. 그는 왜 참주에게 돌아와야 했을까요. 참주와의 약속도 있었지만 무엇보다 친구가 인질로 잡혀 있었기 때문입니다. 노동자 다몬 역시 자본가에게 자신과 가족의 생계를 인질로 저당 잡힌 존재입니다. 생존의 말뚝이 공장에 박혀 있는 한 그는 참주인 자본가에게 반드시 돌아와야 합니다.

해 질 녘에 떠났으면 해 뜰 녘에는 와야 하고, 주말을 쉬었으면 주초에는 와야 하며, 한 달 휴가를 보냈으면 다음 달에는 와야 합니다. 매고 있는 줄의 길이는 노동자마다 다르지만 자본가의 수중을 떠날 수 있을 만큼 긴 줄은 없습니다. 자유인은 긴 줄을 가진 사람이 아니라 줄이 없는 사람, 줄을 끊어버린 사람이지요.

다몬은 약속을 지키기 위해 죽으러 돌아왔습니다. 디오니시우스는 살기 위해 도망칠 줄 알았던 다몬이 돌아온 것에 감동했습니다. 만약 이 일로 그가 폭정을 멈춘다면 다몬은 칼로 실패한 일을 신의를 지킴으로써 성공한 셈입니다. 그러나 실러의 이야기는 이 시의 모티브가 된 고대의 이야기와 많이 다릅니다.[9] 기원전 6세기 고대 그리스에는 참주정의 짧은 시기가 있었는데요. 두 청년 하르모디오스와 아리스토게이톤이 참주인 히파르코스와 그의 형제 히피아스를 급습한 사건이 일어났습니다. 현장에서 참주 히파르코스는 죽었고 그를 급습했던 하르모디오스도 잡혀서 처형되었습니다. 간신히 목숨을 구한 히피아스는 새로운 참주가 되었고 아리스토게이톤은 도망쳤다가 나중에 체포되어 처형됩니다. 참주 히피아스 앞에서 그는 죽음이 두렵지 않다며 친구 뒤를 따를 수 있어 행복하다고 했답니다. 히파르코스 암살 이후 더욱 폭압적으로 변한 히피아스는 얼마 후 권좌에서 밀려납니다. 아테네에는 민주정이 들어섰지요. 아테네인들은 참주정에 대한 투쟁의 도화선이 된 두 청년의 공적과 우정을 기리는 동상을 세웠다고 합니다. 이후 많은 작가가 두 청년의 우정을 다룬 이야기를 썼고, 실러도 여기에 영감을 받아 (하지만 내용을 크게 바꾸어서) 시를 쓴 것이죠.

참주에게 참된 신의를 보여줌으로써 참주를 변화시킨 청년과 참주를 칼로 찌르고 처형됨으로써 시민들을 변화시키고 참주정을 끝낸 청년. 노동자 다몬의 자유는 과연 어느 길에 있을까요. 매번 죽을 곳으로 돌아와야 하는 이 끔찍한 운명을 그는 어떻게 바꾸어야 할까요. 이번 책의 주제는 '자본의 재생산'입니다. 자본이 재생산된다는 것은 자본의 증식이 반복된다는 뜻입니다. 노동자의 잉여가치 생산이 계속된다는 뜻이지요. 그래서 자본의 재생산은 자본관계의 재생산이기도 합니다. 자본가와 노동자의 관계가 반복되는 거죠. 자본가 아브라함과 노동자 아브라함이 맺는 관계를 자본가 이삭과 노동자 이삭, 자본가 야곱과 노동자 야곱이 맺습니다. 그리스의 옛 이야기와 달리 자본의 참주정은 아직도 자신의 긴 족보를 이어가고 있습니다.

차례

일러두기

- 『자본의 재생산』은 열두 권의 단행본과 열두 번의 강연으로 채워지는
  〈북클럽『자본』〉시리즈의 10권입니다. 〈북클럽『자본』〉은 철학자
  고병권이 카를 마르크스의 『자본』 I권을 독자들과 함께
  더 깊이, 더 새롭게, 더 감성적으로 읽어나가려는 기획입니다.

- 『자본의 재생산』은 『자본』 I권 제7편 "자본의 축적과정"의 제21장
  "단순재생산"과 제22장 "잉여가치의 자본으로의 전화"를 다룹니다.
  〈북클럽『자본』〉의 출간 목록과 다루는 내용은 아래와 같습니다.
  괄호 안은 『자본』 I권의 차례이며 독일어 판본(강신준 옮김, 『자본』, 길)을
  기준으로 삼았습니다.

- 〈북클럽『자본』〉에서 저자는 독일어 판본 '마르크스·엥겔스전집'
  MEW: Marx Engels Werke과 김수행이 우리말로 옮긴 『자본론』(I,
  비봉출판사, 2015), 강신준이 우리말로 옮긴 『자본』(I, 길, 2008)을
  참고했습니다. 본문 내주는 두 번역본을 기준으로 표기하되
  필요하면 지은이가 번역문을 수정했습니다. 단, 본문에서
  마르크스의 『자본』 원문의 해당 장(章)을 언급할 때, 시리즈의
  3권부터는 독일어 판본을 기준으로 표기하고 영어 판본(김수행
  번역본)이 그것과 다를 경우 괄호로 병기했습니다.

- 〈북클럽『자본』〉은 이전에 없던 새로운 활자체를 사용하였습니다.
  책과 활자를 디자인하는 심우진이 산돌커뮤니케이션과 공동 개발한
  「Sandoll 정체」가족의 530, 630입니다. 그는 손글씨의 뼈대를
  현대적으로 되살려 '오래도록 편안한 읽기'를 위한 본문 활자체를
  제안하였습니다. 아울러 화자의 호흡을 고스란히 드러내는
  문장부호까지 새롭게 디자인하여 글이 머금은 '숨결'까지
  살려내기를 바랐습니다.

1

자본의 생애는 반복된다

우리의 이번 초점은
'재생산을 분석'하는 게 아니라
'재생산의 관점'을 취하는 데 있습니다.
재생산의 관점에서 '생산'을 바라보는 것이지요.
재생산의 관점에서 '자본의 생산'을 본다면,
다시 말해 자본의 생산이
자본의 유통과 분배와 맞물려 있는
순환의 한 마디이며 무엇보다
이 순환이 계속 반복되고 있는 것이라면,
우리에게 자본의 생산과정은 어떻게 보이는가.
마르크스의 표현을 써서 말하자면,
"사태는 완전히 다르게 보입니다".

호베르트 플링크, 〈이삭의 축복을 받는 야곱〉, 1638.
마르크스는 『자본』 제2편에서 처음으로 자본이 어떻게 자본이 되는지,
자본이 어떻게 스스로를 자본으로 생산하는지를 말한 바 있다.
그때 마르크스는 '성부와 성자'를 언급하는데, 이번 제7편에서도
비슷한 이야기가 나온다. "아브라함이 이삭을 낳고 이삭이 야곱을 낳는",
즉 아버지가 아들을 낳는 이야기라는 것이다.
하지만 이번 편의 '아버지와 아들' 이야기는 뉘앙스가 다르다.

지금 일어나는 일은 이미 일어났던 일이고 앞으로도 일어날 일이다. 자본의 영혼은 니체(F. Nietzsche)가 말한 중력의 영혼과 같은 말을 되뇔 겁니다. "네가 지금 살고 있고, 살아왔던 이 삶을 너는 다시 한번 살아야 하고, 무수히 반복해 살아야 할 것이다. [...] 동일한 차례와 순서로."[10]

○ 재생산의 관점에서 본 자본의 정체

자본은 어떻게 자본이 되는가. 〈북클럽『자본』〉시리즈 4권에서 나는 '돈의 영원회귀'라는 말을 썼습니다. 마르크스가 말한 자본의 '환류 현상'을 지칭한 것인데요(『성부와 성자』, 53~55쪽). '화폐로서의 화폐'인 경우와 달리 '자본으로서의 화폐'는 지출한 돈이 돌아옵니다. 돈을 써서 돈을 버는 것이지요. 자본이란 이처럼 더 많은 돈(잉여가치)을 벌기 위해 투자된 돈입니다.

그런데 이 운동에는 반복의 계기가 들어 있습니다. 도달점은 새로운 출발점이 되고 목적은 수단이 될 수 있으니까요. 100억 원을 투자해 10억 원의 잉여가치를 얻었다고 해봅시다. 100억 원을 수단(출발점)으로 삼아 110억 원이라는 목적(도달점)에 도달했습니다. 하지만 여기서 멈출 이유가 없습니다. 110억 원도 똑같이 운동해서 121억 원이 될 수 있으니까요. 생식을 반복함으로써 생물이 번성하듯 증식 운동을 반복함으로써 자본도 번성합니다.

이처럼 자본은 '가치를 증식해가는 가치'입니다. 하지만 이런 가치, 이런 돈이 따로 있는 건 아닙니다. 가치를 증식시키는 한에서 거기 투자된 가치(돈)가 '자본'이라고 불리는 것이지요. 반대로 말하면 가치증식 운동을 멈추면 돈은 다시 돈으로 돌아갑니다. '화폐로서의 화폐'가 되는 거죠. 더는 '자본으로서의 화폐'가 아닙니다. 자본이 자본으로 존재한다는 것은 끊임없이 자신을 자본으로 생산한다는 뜻이 담겨 있습니다. '자본'의 규정에 반복적인 자기생산, 자기갱신의 의미가 담겨 있는 것이지요.

이제 『자본』 I권의 마지막 편(제7편)에 이르렀는데요, 독일어판 기준으로 그렇습니다. 프랑스어판과 영어판은 '소위 시초축적'에 관한 장들을 별도로 묶어 마지막 편으로 삼았기에 제8편이 마지막 편입니다. 그런데 이 '제8편'에 묶인 장들은 마르크스의 표현을 빌리자면 '자본 현재의 역사'가 아니라 '자본 형성의 역사'에 해당합니다.[11] 자본의 운동이 이루어지기 위한 전제들이 역사적으로 어떻게 형성되었는가를 다루고 있지요. 그래서 자본주의 생산양식을 전제한 상태에서 자본의 운동을 다루는 지금까지의 논의와는 별개입니다. 일종의 프리퀄(prequel) 내지 번외편이라고 할 수 있습니다. 그러니 본편 중에서는 이번 책과 다음 책이 다룰 제7편이 『자본』 I권의 마지막 편입니다. 실질적인 대단원이라고 할 수 있지요.

제7편에서 마르크스는 자본에 대한 이야기를 처음부터 되짚습니다. 제2편에서 우리는 자본에 대한 이야기를 처음 만났는데요. 자본은 어떻게 자본이 되는가. 자본은 어떻게 스스

로를 자본으로 생산하는가. 마르크스는 그때 '성부와 성자' 이야기를 했습니다. 그런데 제7편에도 비슷한 이야기가 나옵니다. "아브라함이 이삭을 낳고 이삭이 야곱을 낳은" 이야기지요.[김, 793; 강, 797] 모두 아버지가 아들을 낳는 이야기입니다. 하지만 제7편의 '아버지와 아들' 이야기는 뉘앙스가 다릅니다. 우리는 이미 자본이 어떻게 자본이 되는지, 자본이 어떻게 자신을 자본으로 생산하는지를 알고 있습니다. 그러므로 여기서는 자본과 잉여가치의 관계, 즉 아브라함이 이삭을 낳아 이삭의 아버지가 되었다는 식의 이야기를 할 필요가 없습니다.

　『자본』의 독자로서 우리는 더 이상 '자본'이라는 말을 처음 듣는 사람들이 아닙니다. 우리는 꽤 긴 여정을 걸어왔습니다. 제1편에서는 자본 개념을 이해하기 위한 이론적 준비를 했고(자본주의적 생산양식의 '부'에 대한 독특한 관념으로서 '가치' 개념을 배웠습니다), 제2편에서는 자본을 이론적으로 정식화했습니다(가치를 증식시키는 가치, 잉여가치를 낳는 가치). 그리고 이렇게 정식화된 자본이 노동력이라는 독특한 상품 덕분에 현실화될 수 있다는 것도 보았습니다. 제3편과 제4편에서는 잉여가치가 실제로 어떻게 생산되는지를 살폈고, 제5편에서는 노동력의 가치와 잉여가치의 상대적 크기를 변동시키는 다양한 경우를 검토했으며, 제6편에서는 노동력의 가치가 임금의 형태를 취할 때 생기는 문제들도 보았습니다. 한마디로 우리는 '자본의 생산'에 대해 이미 알고 있습니다.

『자본』 I권은 '자본의 생산'을 다루는 책인데요. I권의 긴 여정이 끝나가는 지점에서 다시 자본의 생산에 대해 이야기하는 것은 어떤 의미가 있을까요. 자본이 어떻게 자본이 되고 자본이 어떻게 자신을 자본으로 생산하는지를 아는 사람들, 성부와 성자의 이야기를 아는 사람들인 우리에게 '아브라함과 이삭'의 이야기를 또다시 꺼내는 이유가 무얼까요.

　제7편에서도 '자본의 생산'을 다루기는 합니다. 하지만 좀 다릅니다. 제7편에서 마르크스가 주목하는 것은 '생산'이 아니라 '생산의 반복'입니다. 아브라함이 이삭을 낳았지만 이삭 또한 야곱을 낳았습니다. 그러니까 제7편에서 하려는 이야기를 더 명확히 하려면 '아브라함이 이삭을 낳은 이야기'가 아니라, '아브라함이 이삭을 낳고, 이삭이 야곱을 낳은 이야기'라고 해야 합니다. 똑같은 일이 똑같은 순서로 다시 일어난다는 것이지요. 제6편까지 우리는 '자본은 어떻게 자본이 되는가', '자본은 어떻게 자신을 자본으로 생산하는가'의 문제를 다루었습니다. 그런데 제7편에서는 이 물음에 '다시'라는 말을 넣습니다. 자본은 어떻게 '다시' 자본이 되는가, 자본은 어떻게 '다시' 자신을 자본으로 생산하는가. 제21장과 제22장(영어판은 제23장과 제24장) 제목에 들어 있는 표현을 쓰자면, 제7편은 자본의 '생산'이 아니라 '재생산'(Reproduktion)을 다룹니다.

　마르크스가 제7편의 제목을 '자본의 증식과정'이 아니라 '자본의 축적과정'이라고 단 것에 유념할 필요가 있습니다.

'축적'(Akkumulation)은 이전 편에서는 좀처럼 사용되지 않은 단어입니다. 네댓 차례 언급되었지만 큰 비중을 차지하지는 않았습니다. 그러나 제7편에서 '축적'은 핵심 개념입니다. '축적' 개념의 내용은 '증식'과 다르지 않습니다. 100억이 110억이 되고 110억이 121억이 되는 것, 자본은 이렇게 증식되고 이렇게 축적됩니다. 그럼 차이는 어디에 있을까요. 축적은 '반복'과 관련이 있습니다. 증식이 반복되었을 때 축적이 일어납니다. 축적은 반복의 결과입니다. 자본의 가치증식 운동, 자본이 자본이 되는 운동, 자본이 스스로를 자본으로 생산하는 운동의 반복이라고 할 수 있습니다. 즉 축적은 자본의 재생산(확대재생산)의 결과입니다.

　『자본』에서는 서술 순서가 중요하다고 했는데요. 왜 이제야 '축적' 개념이 등장하는지 이해할 수 있습니다. 자본의 재생산에 대해 말하려면 자본의 생산에 대한 이야기가 끝나야 합니다. 재생산이란 생산의 반복입니다. 지금까지 우리가 살펴보았던 자본의 가치증식과정이 동일한 순서로 다시 진행되는 겁니다. 제6편까지의 내용이 몇 번이고 반복된다고 할 때 우리는 자본에 대해 무엇을 알게 될까요. 여기가 바로 제7편의 이야기가 시작되는 곳입니다.

　　　。자본의 운동은 자본의 재생산을 위한 것
제7편이 시작되자마자 첫 단락에서 마르크스는 지금까지 우리가 읽은 자본의 운동을 짧게 요약합니다. "자본으로서 기능

할 가치량이 거치는 첫 번째 운동은 일정량의 화폐가 생산수단과 노동력으로 전환되는 것이다. 이것은 시장 즉 유통영역에서 이루어진다. 이 운동의 두 번째 단계인 생산과정은 생산수단이 상품으로 전환되는 즉시 끝난다. 그런데 이 상품의 가치는 자신을 구성하는 부분들의 가치를 넘어선다. 즉 처음 투하된 자본에 잉여가치를 더한 만큼을 담고 있다. 그다음에는 이런 상품들이 다시 유통영역에 투입되어야 한다. 이 상품들은 판매되어 그 가치를 화폐로 실현하고, 이 화폐는 새로운 자본으로 전환되며, 이 과정이 계속해서 반복되어야[갱신되어야] 한다. 언제나 동일한 순차적(sukzessiven) 단계들을 거치는 이러한 순환(Kreislauf)이 자본의 유통(Zirkulation)을 이룬다."
[김, 770; 강, 775]

마지막에 덧붙인 두 문장이 제7편에서 말하고자 하는 바입니다. 지금까지 살펴본 자본의 운동이 "계속해서 반복되어야" 하고, 이러한 "자본의 순환이 자본의 유통을 이룬다"라는 것. 이는 제6편까지 우리가 읽은 내용이 단지 반복되는 순환들 중 하나였음을 말해줍니다. 자본의 생애를 구성하는 하나의 마디였을 뿐이라는 거죠(이 순환들로 이루어진 '자본의 유통'은 생산과 구분되는 유통이 아니라 이들을 포괄하는 순환들로 이루어진 자본의 생애를 가리킵니다). 그동안 우리는 전체에서 하나의 마디, 하나의 순환을 떼어내어 분석했던 겁니다. 그런데 자본은 자본인 한에서는 이런 순환을 반복해왔습니다. 이전에도 그랬고 이후에도 그렇습니다. 즉 이제껏 우리가 읽어온 자본의 생산은 처음부터 재생산이었던 것이지요.

갑자기 카메라가 '줌아웃' 된 것 같습니다. 시야가 시간적으로, 공간적으로(사회적으로) 크게 확대됩니다. 『자본』의 각 권을 봉우리에 비유한다면 우리는 드디어 하나의 봉우리에 오른 셈입니다. 정상에 이르자 새로운 풍경이 펼쳐지네요. 전체 산맥이 눈에 들어오고, 멀리 II권과 III권의 풍광까지 흐릿하게 보입니다. 제7편은 I권에서 유일하게 별도의 도입부가 있는 곳입니다. 이 도입부는 봉우리에 막 올랐을 때 보이는 풍광의 스케치 같습니다. 마르크스는 여기서 각 권의 연관 관계를 말합니다. 자본의 재생산을 말하려면 전체에 대해 말할 수밖에 없거든요.

자본의 운동은 크게 보면 세 과정의 통일이라 할 수 있습니다.[12] 하나는 생산수단 및 살아 있는 노동력을 구매하는 과정 즉 화폐가 상품으로 전환되는 과정이고, 다른 하나는 상품을 생산하면서 가치를 생산하는 과정(가치의 보존과 증식)이며, 마지막 하나는 상품의 판매를 통해 가치를 실현하는 과정 즉 상품이 다시 화폐로 전환되는 과정입니다. 첫 번째 과정에서 자본가는 구매자이고(유통영역), 두 번째 과정에서는 생산자이며(생산영역), 세 번째 과정에서는 판매자입니다(유통영역).

이 세 과정은 한편으로는 서로 다른 행위자들이 각자의 방식으로 움직이는 독립된 영역이지만 다른 한편으로는 서로가 순차적으로 맞물려 있습니다. 생산수단과 노동력이 시장에 나와 있어야 자본가가 그것들을 구매해 생산을 개시할 수 있고, 생산이 이루어져야 생산물의 판매가 가능하며, 판매가 이루어져야 잉여가치가 실현되고, 그래야만 자본의 새로운 운동이 시작될 수 있습니다. 그러므로 자본은 독립적으로 보이는 이 세 과정을 매끄럽게 연결할 수 있을 때, 다시 말해 이 세 과정의 "통일성을 입증"할 수 있을 때에만 자본으로서 재생산될 수 있습니다.[13] 이 입증에 실패하면 자본은 자본이기를 멈추게 되지요. 공황이 닥치는 겁니다.

조금 전 나는 우리가 자본의 순환 하나를 다 본 것처럼 말했습니다. 그러나 엄밀히 말하면 이것도 사실은 아닙니다. 세 과정을 다 언급하기는 했지만 가치생산과정을 중심에 두고 가치의 교환 및 실현 과정을 언급했을 뿐이지요. 상품생산을 중심에 두고, 생산에 필요한 구매(생산수단과 노동력의 구매)와 판매(상품판매)를 언급했을 뿐입니다. 아래 그림을 놓고 말하자면, 자본의 순환을 볼 때 생산영역을 가운데 둔 채 정면에서 바라본 겁니다. 위에서 내려다보면 원(순환)인데 앞에서 보면 직선 선분처럼 보입니다. 그런데 이 선분은 뒷면 즉 유통영역을 보여주지 않습니다.

상품구매 → 상품생산 → 상품판매

자본가는 생산물을 판매해야 합니다. 화폐로 전환해야 하죠. 그리고 그 대부분을 다시 투입해야 합니다. '자본의 재생산'을 '자본생산의 반복'이라고 쉽게 말할 수 있었던 것은 이 유통과정에 아무런 문제가 없다고 전제했기 때문입니다. 만약 여기에 문제가 생기면 자본의 순환은 그걸로 끝입니다. 유통과정은 자본이 다시 자본이 되기 위해 반드시 필요한 단계입니다. 재생산의 구체적 조건을 해명하려면 유통과정에 대한 상세한 분석이 필수적이지요. 그러나 이 분석은 다음 봉우리인 『자본』 II권에서 이루어집니다. 우리가 이번에 다루는 I권 제7편에서는 다만 재생산을 가치의 생산(증식)이 반복되는 것으로만 단순화해서 살핍니다. 자본이 "유통과정을 정상적 방식으로 통과한다는 것을 전제"하고서요.[김, 770; 강, 775] 이렇게 하는 이유는 조금 뒤에 말하겠습니다.

사실 유통과정만 단순화한 게 아닙니다. 재생산을 위해서는 자본가가 증식된 자본의 대부분을 다시 투입해야 한다고 했습니다. 자본가 노동자로부터 짜낸 잉여가치를 다시 투입해야 한다고요. 하지만 현실적으로 생산자본가는 잉여가치의 전적인 소유자가 아닙니다. 만약 그의 자본이 빌린 것이라면 이자를 지불해야 하고, 토지를 이용했다면 지대를 지불해야 합니다. 상품판매를 위탁했다면 상업이윤도 보장해주어야 하지요. 잉여가치는 자본가의 이윤만이 아니라 이자, 지대, 상업이윤 등 여러 형태로 나뉩니다. 마르크스는 이에 대해서는 『자본』 III권에서 분석할 것이라고 예고하고 있습니다.[김,

770; 강, 775~776]『자본』I권 제7편에서는, 유통영역에 대한 분석을 생략했듯이 잉여가치가 분배되는 다양한 형태에 대한 분석도 생략한다는 겁니다. 그래서 자본가를 "모든 잉여가치의 소유자" 즉 "잉여가치를 나눠 갖는 사람들의 대표자(Repräsentant)"로 단순화합니다.[김, 771; 강, 776]

그러니까 이번 책에서 말하는 자본가는 '대표자'입니다. 자본주의 안에는 현실적으로 다양한 기능을 수행하는 여러 자본가가 있습니다. 그러나 이 책에서 우리는 이 점을 고려하지 않고 '자본가'라는 하나의 이름으로 묶어 부를 겁니다. 우리는 앞서 '노동일에 관한 장'을 다룰 때 이미 이런 '자본가'의 형상을 접한 바 있습니다. 노동일의 길이를 둘러싼 계급투쟁을 언급하며 '총자본가 즉 자본가계급'이라는 말을 쓴 적이 있지요(『공포의 집』, 39쪽). 이때 '총자본가'(Gesamtkapitalist)는 두 가지 의미에서 자본가들을 대표하는 집합적 이름입니다. 한편으로는 상이한 기능을 수행하는 자본가들에 대한 집합적 이름이고(특수성의 통일), 다른 한편으로는 수많은 개별 자본가들에 대한 집합적 이름이지요(개별성의 통일).

그런데 이런 의문이 듭니다. 방금 말한 것처럼 마르크스는 아직 자본의 축적, 자본의 재생산을 다룰 때 반드시 필요한 유통영역에 대한 분석을 진행하지 않았습니다. 그리고 생산된 잉여가치가 어떻게 분할되고 그중 어떤 것이 얼마만큼 다음번 생산에 투입되는지에 대해서도 이야기하지 않았습니다. 이런 상황에서 재생산을 이야기하려면 많은 것을 단순화하고 생략할 수밖에 없습니다. 그런데도 마르크스가 여기서, 즉 『자본』I권 제7편에서 재생산 이야기를 꺼내는 이유는 무엇일까요. 최소한 자본의 유통과정을 분석하고 난 뒤에 재생산 이야기를 해도 될 것 같은데요(실제로 유통과정에 대한 분석이 끝난 뒤 마르크스는『자본』II권 제3편에서 자본의 재생산을 상세하게 다룹니다).

물론 마르크스의 말처럼 복잡다단한 이야기를 생략하고 아주 "단순한 기본형태"(einfache Grundform)를 가지고도 자본의 재생산, 자본의 축적을 다룰 수 있습니다.[김, 771; 강, 776] 자본의 "축적이 진행되는 한에서는" 자본이 유통영역을 문제없이 통과했다고 전제할 수 있지요. 자본축적이 순조롭게 진행되고 있다면 잉여가치가 생산된 뒤 어떤 분할을 거쳐 다시 생산에 투입되었는지를 세세히 따지지 않고도, 잉여가치가 생산된 뒤 재투자되었다는 말을 할 수 있습니다. 구체적 조건들을 모두 검토했다고 해서, 다시 말해 우리가『자본』II권과 III권까지 나아갔다고 해서, 재생산의 형태가 달라지는 건 아닙니다. 오히려 마르크스의 말처럼 단순화된 기본형태를 통해 우리는 자본의 재생산을 더 "순수하게 분석"할 수도 있을 겁니다.[김, 771; 강, 776]

그러나 내가 묻고 싶은 건 기본형태를 통해 자본의 축적, 자본의 재생산을 다룰 수 있는지 여부가 아닙니다. 내 의문은 이런 겁니다. 아직은 재생산의 구체적 조건들도, 잉여가치의 분할 형태들도 다룰 수 없기에 많은 것을 생략하고 단순화해야 함에도 불구하고 마르크스가 굳이 여기서 재생산을 다루는 이유가 무엇이냐는 거죠. 어차피 『자본』 II권에서 재생산 문제를 상세히 다룰 테고 유통과정에 대한 분석까지 마친 그곳이야말로 재생산을 다루기에 적합한 곳처럼 보이는데 말입니다.

◦ 왜 여기서 '자본의 재생산'을 다루는가

왜 마르크스는 이곳에서 '재생산' 이야기를 꺼낸 걸까요. 『자본』 I권 제7편과 『자본』 II권 제3편 사이에는 중요한 차이가 있습니다. 『자본』 I권 제7편에서는 재생산의 조건들을 상세히 분석하지 않습니다. 단지 자본이 재생산된다는 사실을 중요시합니다. 이 사실을 전제하면 뭔가 다른 게 보이거든요.

나는 제7편의 도입부에서 봉우리에 올라 있는 마르크스의 모습을 상상해봅니다. 『자본』 I권의 봉우리를 함께 오른 독자들에게 그는 빙 둘러 있는 산맥을 가리키며 말합니다. "저쪽이 유통이 이루어지는 곳입니다. 저기 오른쪽 봉우리를 거쳐 왼쪽 봉우리로 가고 다시 지금 우리가 서 있는 생산의 봉우리로 돌아옵니다. 저쪽에서 일어난 일을 아직 상세하게 말할 수는 없지만, 저기 왼쪽에서 노동력이나 생산수단 공급이 원활하지 않다면, 혹은 저기 오른쪽에서 생산물이 판매되지 않는다면 우리가 그동안 살펴본 잉여가치의 생산, 자본의 증식은 중단될 수밖에 없습니다. 이제까지 우리가 본 것은 전체 순환의 일부인 겁니다. 끊임없이 반복되는 이 순환의 일부였던 거죠. 이제 우리가 올라온 길을 돌아볼까요. 그 길이 여러분에게는 어떻게 보입니까. 무엇이 보입니까."

이번 책의 초점은 재생산을 분석하는 데 있는 게 아니라 재생산의 관점을 취하는 데 있습니다. 재생산의 관점에서 '생산'을 바라보는 것이지요. 재생산의 관점에서 '자본의 생산'을 본다면, 다시 말해 자본의 생산이 자본의 유통·분배와 맞물려 있는 순환의 한 마디이며, 무엇보다 이 순환이 계속 반복되는 것이라면, 우리에게 자본의 생산과정은 어떻게 보이는가. 마르크스의 표현을 써서 말하자면, "사태는 완전히 다르게 보입니다".[김, 800; 강, 804]

자본의 생산과정만 분리해서 보았을 때는 보이지 않았고 볼 수도 없었던 것들이 이제 보이지요. 개별성이나 우연성에 가려 있던 자본주의적 생산의 정체가 폭로되기도 하고, 한 번만 보아서는 알 수 없었던 자본주의적 생산의 어떤 경향이 포착되기도 합니다. 미리 당겨 말하자면 전자를 이번 책(⟨북클럽『자본』⟩ 10권)에서, 후자를 다음 책(⟨북클럽『자본』⟩ 11권)에서 다룹니다. 즉 재생산의 관점에서 자본의 정체를 폭로하는 것이 이번 책의 주제이고, 축적과 더불어 나타나는 자본의 기본 경향('축적의 일반법칙')이 다음 책의 주제라고 할 수 있습니다.

2

사라지는 가상들,
드러나는 자본의 정체

개별적 자본, 개별적 자본가와 노동자만 보면
모든 것이 따로 보입니다.
상품을 공장에서 생산하는 과정과
공장을 떠난 상품이 시장에서 유통되는 과정이
별개로 보이죠. 또한 공장에 공급되는
생산수단(생산재)의 생산과
개인들에게 공급되는 소비수단(소비재)의 생산도
별개이고, 공장에서 생산수단을 소비하는 것과
가정에서 소비수단(생활수단)을 소비하는 것도
별개죠. 외견상으로는 그렇습니다.
그러나 전체로서 자본주의의 재생산,
사회적 총자본의 재생산을 고려하는 순간
이 모든 가상은 사라집니다.

포드 매독스 브라운, 〈일〉, 1863.
개별 노동자만 보면 자신이 생산한 것으로 자신이 고용된다는 말을 믿을 수 없다.
방적 노동자가 자신이 생산한 실로 임금을 받는다는 건 이상한 이야기다.
하지만 전체노동자 즉 노동자계급을 고려하면
노동자는 자신이 생산한 것을 받는다는 말이 옳다.
재생산의 관점에서 보면 노동력에 대한 등가교환은 단지 외관이고,
형식에 지나지 않는다는 것을 알 수 있다.

재생산의 관점에서 생산을 바라보면 무엇이 보일까요. 지금 일어나는 일이 한 번이 아니라 두 번 세 번 계속 반복되는 일이고 또 그래야만 하는 일이라면 우리는 무엇을 읽어낼 수 있을까요. 마르크스는 말합니다. "그저 생산과정이 동일한 규모로 반복된다"라고만 생각해도, 즉 '단순재생산'(einfache Reproduktion)만을 고려해도 "생산과정에는 어떤 새로운 성격이 각인"되며, 이 과정의 "외견상의 성격이 해소"된다.[김, 773; 강, 778]

여기서 '외견상의 성격'이라고 옮긴 단어는 'Scheincharaktere'인데요. 말 그대로 풀이하자면 우리에게 '보이는 대로의 성격', '나타나는 대로의 성격'이라고 할 수 있습니다. 실재하는 모습이 아니라 우리에게 나타난 모습, '진상'이 아니라 '가상'(Schein)입니다. 그동안 자주 들었던 예로 말하자면, 물속에 넣었을 때 구부러져 '보이는' 막대 이미지 같은 겁니다. 우리에게 그렇게 '보이는' 것이지 실제로 그런 것은 아니지요.

이 'Scheincharaktere'라는 단어는 『자본』 I권의 첫 동사 'erscheinen'(~처럼 보인다, 나타난다)을 떠올리게 합니다. 이 동사는 I권에서만 아마 수백 번은 등장했을 겁니다. 『자본』 전체가 이 동사에 대한 해명이 아닐까 싶을 정도로 중요한 단어지요. 자본주의적 생산양식에서는 왜 사물들이 그렇게 보이는가. 재생산의 방법론적 의의가 여기에 있습니다. 마르크스에 따르면 우리는 단순재생산만 고려해도 '보이는 대로 믿게 되는' 오류에서 상당 부분 벗어날 수 있습니다. 이미지 자체가 사라지는 것은 아니지만 그것이 외견상으로만 그렇다는 것을 알게 되지요. 그리고 이런 사실을 알게 되면 사태는 달라 보입니다.

◦ 생산과정은 재생산과정이기도 하다

재생산의 관점에서 보면 어떤 가상이 사라질까요. 제7편 제21장의 첫 문장은 이렇습니다. "생산과정의 사회적 형태가 어떤 것이든 그것은 연속적이어야 하며, 달리 말하면 주기적으로 반복되는[갱신되는] 동일한 단계들을 주기적으로 통과해야만 한다."[김, 772; 강, 777] '사회적 형태가 어떤 것이든'이라고 했습니다. 재생산이 비단 자본주의사회의 문제만은 아니라는 거죠. 어떤 사회든 소비를 필요로 합니다. 그런데 지속적 소비가 가능하려면 지속적 생산이 이루어져야 하지요. "그러므로 연속적 연관과 끊임없는 갱신의 흐름 속에서 살펴본다면 모든 사회적 생산과정은 동시에 재생산과정이기도 하다"라고 할 수 있습니다.[김, 772; 강, 777]

재생산은 모든 생산형태에 적용되는 문제입니다. 자본주의에 한정하지 않고 일반적 차원에서 재생산의 조건들을 한번 생각해볼까요. 재생산의 조건들이란 사실 생산의 조건들과 다르지 않습니다. 생산에 필요한 조건들이 '계속' 충전(보충)되면 생산이 다시 가능할 것이고 이게 바로 재생산이니까요. 그렇다면 생산에는 무엇이 필요할까요. 어떤 사회에서든 생산이란 인간이 생산수단을 이용해 생산물을 만들어내는 일입니다. 그러므로 어떤 사회에서든 재생산을 위해서는 생산수단과 생산자인 인간의 충원이 필요합니다.

먼저 생산수단에 대해 생각해보죠. 생산수단이란 원료와 노동수단입니다. 한 사회가 작년과 동일한 규모의 부를 올해에도 생산하고자 한다면, 작년에 소비된 생산수단만큼을 올해에도 확보하고 있어야 합니다. 한 해의 생산물에는 그해 먹을 것 말고 다음번 생산에 쓸 것이 들어 있어야 하는 것이지요. 농업을 예로 들자면 작년 생산물 중에는 올해 파종할 씨앗과 농기구가 포함되어 있어야 합니다. 생산을 위해 생산요소들을 소비하는 것을 '생산적 소비'(produktive Konsumtion)라고 하는데요. 생산과정에서 소비되는 종자용 곡식과 농기구 같은 것이 여기 속합니다. 이런 생산용 소비재를 보통 '생산재'라고 부릅니다. 사회적 형태가 어떠하든 재생산이 이루어지려면 이런 생산재를 '현물형태'로 생산해두어야 합니다.[김, 772; 강, 777]

그러나 이게 전부가 아닙니다. 생산과정에는 생산하는 인간, 노동하는 인간이 필요합니다. 이들의 생명력 또한 충전이 되어야 하죠. 생명력을 충전한다는 것은 한마디로 말해 '먹고 입는다'라는 뜻입니다. 이런 식으로 생산물을 소비하는 것을 '생산적 소비'와 대비해 '개인적 소비'(individuelle Konsumtion)라고 부릅니다.[김, 772; 강, 777] 한 사회의 연간 생산물에는 한 해 동안 사회구성원들이 먹고 입을 만큼의 생산물 또한 현물로 존재해야 합니다. 말하자면 '소비용 소비재'가 있어야 합니다. 보통 줄여서 '소비재'라고 부릅니다. 사실 이 양은 노동하는 인간집단의 규모보다 더 크게 잡아야 합니다. 구성원들 중에는 노동할 수 없는 사람들이 있고, 만약 해당 사회가 신분사회나 계급사회라면 노동에 종사하지 않고도 생산물을 취하는 사람들이 있을 테니까요. 이들의 개인적 소비를 위한 재화 역시 매번 생산되어야 합니다.

◦ 독립성의 가상이 사라지다

거듭 말하지만 사회적 형태와는 상관이 없습니다. 해당 사회가 유지되려면 생산적 소비와 개인적 소비에 필요한 생산물을 계속 생산해야 합니다. 자본주의도 마찬가지입니다. 자본주의에서도 '생산적 소비'와 '개인적 소비'를 위한 현물의 충전이 이루어져야 합니다. 다른 사회형태와 차이가 있다면 자본주의적 생산은 현물의 생산이면서 또한 가치의 생산이라는 점입니다. 따라서 자본주의적 재생산과정은, 마르크스의 표현을 쓰자면 '소재충전'(소재보충, Stoffersatz)만이 아니라 '가치충전'(Wertersatz)이라는 점에서도 고찰되어야 합니다.[14]

물론 자본주의에서 단순재생산을 가정하는 것은 현실적이지 않습니다. 마르크스의 말처럼 아주 '기이한'(befremdliche) 가정이지요.[15] 가치가 동일 규모로 재생산된다면 가치증식이 일어날 수가 없으니까요. 축적이 불가능하지요. 이렇게 해서는 자본주의가 의미가 없습니다. 그렇다면 우리가 왜 단순재생산을 고려해야 하는 걸까요. 이는 곧 노동일에서 필요

노동시간을 아는 것과 같습니다. 노동일의 길이가 필요노동시간의 길이와 같다면 잉여가치가 생겨나지 않습니다. 자본이 불가능하다는 이야기지요. 하지만 필요노동시간을 아는 것은 중요합니다. 필요노동시간이 끝나는 지점이 잉여노동이 시작되는 지점이니까요. 뒤에서 또 언급하겠지만 단순재생산 모델은 자본주의사회가 재생산되기 위한 최소 기준을 제공한다는 점에서 큰 의미가 있습니다.

다시 우리의 이야기로 돌아가서요. 자본주의사회가 현물의 관점에서든 가치의 관점에서든 단순재생산이 된다는 것을 생각할 때 우리는 무엇을 알게 될까요. 우리 눈에는 무엇이 새롭게 보일까요. 마르크스는 당장에 이 이야기를 길게 하지는 않습니다. 일반적 재생산의 한 유형으로서 자본주의적 형태의 재생산을 짧게 언급할 뿐입니다. 그런데 우리는 마르크스가 개별 자본이 아니라 자본주의사회 전체의 재생산을 언급하면서 이야기를 시작했다는 데 주목할 필요가 있습니다. 개별 자본의 재생산을 자본주의 전체, 말하자면 자본 전체의 재생산과정 속에서 파악해야 한다는 걸 암시하는 거죠.

마르크스는 제21장을 시작하면서도 그렇고, 제22장을 시작할 때도 전체를 보는 시각을 끌고 들어옵니다. 그리고 중간중간 이런 시각에서 볼 때 사태가 어떻게 보이는지를 언급합니다. 하지만 현재 『자본』 I권을 읽고 있는 독자로서는 자본 전체의 운동을 단번에 떠올리기가 쉽지 않습니다. 아직 유통과정에 대한 분석을 접하지 못했으니까요. 그래서 나는 독자의 이해를 돕기 위해 『자본』 II권의 일부 내용을 끌어들일 까 합니다. 그렇게 어려운 내용은 아닙니다. 앞서 사회형태의 재생산을 위해서는 생산적 소비와 개인적 소비를 위한 '충전' 이 이루어져야 한다고 했는데, 이에 대한 이야기를 보충하려 는 겁니다.

우리는 자본생산의 정식을 알고 있습니다. $G-W \cdots P \cdots$ $W'-G'$(단, P는 생산과정) 자본을 투자해서 생산수단과 노동력 을 구매하고, 생산과정을 거치며 가치증식이 된 상품을 생산 하며, 이를 판매해 처음보다 늘어난 화폐 형태의 자본을 얻습 니다. 그런데 이 정식은 생산과정을 중심으로 자본의 투입과 산출, 즉 자본의 생산만을 보여줍니다. 생산적 소비와 개인적 소비를 위한 충전이 어떻게 이루어지는지를 보여주지 않지 요. 자본생산에 필요한 생산수단이 어떻게 공급되는지, 자본 이 생산한 상품들은 어떻게 판매되는지를 표현하고 있지 않 습니다. 그냥 생산에 필요한 상품들은 시장에 이미 나와 있고 생산한 상품들은 시장에서 모두 판매된다고 전제했지요.

따라서 자본주의적 재생산 전체, 즉 개별 자본이 아니라 '사회적 총자본'(gesellschaftlichen Gesamtkapital)의 재생산을 표현하려면 유통과정까지 포함하는 정식이 필요합니다. 마르 크스가 『자본』 II권에서 제시한 정식은 이것입니다.[16]

$$W'- \begin{cases} G-W \cdots P \cdots W' \\ g-w \end{cases}$$

이 정식은 단순재생산을 표현한 것입니다. 투입물(W')과 산출물(W')의 양이 같지요. 이 정식에 따르면 연간 총생산물(W') 중 일부는 생산수단으로서 자본의 생산과정에 투입되고 ($G-W$), 일부는 생활수단으로서 노동자와 자본가의 개인적 소비(g-w)에 사용됩니다(개인적으로 소비되는 재화들은 상품생산에 사용되지 않으므로 별도로 표현되어 있습니다). 현물을 기준으로 단순재생산을 말한다면, 연간 총생산물의 양이 생산적 소비량(생산재)과 개인적 소비량(소비재)의 합계와 같아야 합니다. 가치를 기준으로 말한다면 연간 총생산물의 가치 총액이 생산수단의 가치와 노동력의 가치, 잉여가치를 더한 값과 같아야 하고요. 생산수단의 가치가 모두 생산물로 이전되고, 노동력의 가치가 노동자에 의해 재생산되며, 모든 잉여가치를 자본가가 개인적으로 소비했다고 하면 총가치량은 처음 투자액과 같아질 겁니다. 자본이 동일 규모로 재생산된 것이지요 (똑같은 개인적 소비라 해도 노동자의 소비와 자본가의 소비는 다른데요. 노동자가 먹는 것은 노동력의 생산과정에 해당합니다. 그러므로 그가 유통과정에서 소비한 가치는 생산과정에서 재생산되어 생산물에 담깁니다. 반면 자본가가 먹은 것은 말 그대로 '먹어치우는' 것입니다. 재생산되지 않고 소진되지요. 이에 대해서는 뒤에서 따로 상세하게 다루겠습니다).

그런데 사회적 총자본의 재생산을 보여주는 위의 정식은 우리가 지금까지 생각할 수 없었던 재생산의 조건 하나를 보여줍니다. 전체 생산물(W')의 일정량은 반드시 생산수단(생산재)($G-W$)이어야 하고 또 일정량은 반드시 소비수단(소비재)($g-w$)이어야 한다는 것인데요. 이때 각각의 비중을 잘 고려해야 합니다. 생산수단이 모자라도 안 되고, 소비수단이 모자라도 안 되니까요. 그럼 각각의 비중은 어느 정도여야 할까요. 이에 대한 계산은 『자본』II권에서 다룹니다만 단순재생산의 경우에는 계산이 그리 어렵지 않습니다. 전체 산업을 생산수단(생산재)을 생산하는 부문과 소비수단(소비재)을 생산하는 부분으로 나누고, 각각의 생산물 가치를 아래와 같이 나타내봅시다.

생산수단 생산부문(I): $c_1 + v_1 + m_1$
소비수단 생산부문(II): $c_2 + v_2 + m_2$

자본이 재생산되려면 각 부문의 생산물 판매에 문제가 없어야 합니다. 생산수단 생산부문(I)에서 생산한 상품들(생산수단으로 사회가 생산한 생산물)이 두 부문의 자본가들에게 생산수단으로서 모두 판매되어야 합니다. 판매에 성공했다고 전제하면, I부문 생산물의 가치 총액($c_1 + v_1 + m_1$)은 두 부문 자본가들이 투자한 불변자본의 총액($c_1 + c_2$)과 같을 겁니다($c_1 + v_1 + m_1 = c_1 + c_2$). 소비수단에 대해서도 마찬가지 말을 할 수 있는데요. 소비수단 생산부문(II)에서 생산한 상품들을 두 부문의 개인 소비자들(두 부문의 노동자들과 자본가들)이 모두 구매해주어야 하지요. 노동자는 노동력의 가치(임금)를, 자본가는 잉여가치(이윤)를 남김없이 써야 합니다. 그렇다면 두 부문의 개인 소비자들이 지출할 수 있는 돈, 즉 노동력의 가치와 잉여가치 합계($v_1 + m_1 + v_2 + m_2$)가 II부문(소비재 부문) 생산물의 가치 총액($c_2 + v_2 + m_2$)과 같을 겁니다 ($v_1 + m_1 + v_2 + m_2 = c_2 + v_2 + m_2$). 한마디로 단순재생산을 위해서는, 모든 자본가가 생산수단에 쓴 돈을 다 합치면 그해 생산된 생산수단 전체의 가치와 같고 소비자들이 소비수단에 쓴 돈을 다 합치면 그해 생산된 소비수단 전체의 가치와 같아야 한다는 겁니다.

어느 경우를 기준으로 해도 결론은 같습니다. 생산수단을 기준으로 하든 소비수단을 기준으로 하든, 정식을 정리하면 모두 $v_1 + m_1 = c_2$가 됩니다.[17] 생산수단 생산부문(I)의 노동력 가치와 잉여가치를 더한 값이 소비수단 생산부문(II)의 생산수단의 가치 총액과 같아야만 하지요. 이렇게 되었을 때에만 단순재생산이 가능하다는 뜻입니다. 이 관계를 충족시킬 수 없으면 재생산이 안 됩니다. 공황이 닥치지요. 나는 우리 시리즈 3권에서도 자본주의적 생산양식에 내재할 수밖에 없는 몇 가지 형태의 공황을 언급했는데요(『화폐라는 짐승』, 131~132쪽, 179~180쪽). 여기에 또 다른 형태의 공황이 있습니다. 생산수단 생산량과 소비수단 생산량의 비례관계가 깨질 때 공황이 일어납니다.

이렇게 해서 중요한 사실 하나가 드러났습니다. 방금 우리는 재생산, 그것도 단순재생산만을 상정하고서 생산수단과 소비수단의 관계를 살펴보았는데요. 재생산을 위해서는 둘 사이에 일정한 관계가 유지되어야만 한다는 사실을 확인했습니다. 전혀 다른 산업부문의 생산이 일정한 비율로 서로 맞물려 있다는 이야기지요. 생산만이 아니라 소비도 그렇습니다. 생산수단의 소비는 생산과정에서 일어나지만 소비수단의 소비는 유통과정에서 일어납니다. 공장에서 물건을 만드는 일과 개인들이 시장에서 생활수단을 구매하는 일은 별개의 일 같지만 실제로는 연간 총생산물의 구성에 따라 하나로 결정되어 있습니다. 통일성을 이루고 있다는 말입니다.

이는 마치 신체의 여러 기관이 일정한 비율의 운동을 주고받으며 하나의 몸을 이루는 것과 같습니다. 각 기관들은 제멋대로 움직이지 않습니다. 한 기관의 운동은 다른 기관들의 운동과 보조를 맞춥니다. 그래서 소화기관에 문제가 생기면 순환기관이 기능할 수 없고, 순환기관에 문제가 생기면 운동기관이 기능할 수 없습니다. 생산수단과 소비수단의 유통, 상품들의 생산, 노동자(임금)와 자본가(잉여가치)의 소비가 모두 깊이 연관되어 있습니다.

지금까지 우리는 자본가가 생산수단과 노동력을 구매하는 장면에서 시작해 자본의 생산과정을 순차적으로 다루어왔습니다. 하지만 재생산을 고려하는 순간 이 첫 장면이 절대적 출발점이 아니라는 것을 알게 됩니다. 출발 이전에 생산수단과 노동력이 먼저 시장에서 유통되고 있어야 합니다. 즉 생산과정은 유통과정에서 제공된 것을 가지고 출발합니다. 생산과정 전에 유통과정이 있는 것이지요. 물론 반대로 말해도 됩니다. 유통과정이 가능한 것은 생산과정이 주어져 있었기 때문이라고요. 한 자본가가 상품을 구매하기 위해 시장에 나왔을 때 다른 자본가는 상품을 판매하기 위해 시장에 나와 있으며, 또 다른 자본가는 상품을 생산 중에 있습니다. 생산과정이 진행 중일 때 유통과정도 진행 중이지요. 마치 소화기관이 운동할 때 순환기관도 운동하고 있는 것과 같습니다.

따라서 우리는 자본의 생산과정 그 하나를 다루더라도 유통과정까지 전체가 함께 기능하고 있다는 생각을 해야 합니다. 우리가 살펴본 하나의 생산은 전체의 재생산 속에 있으며, 순차적으로 살펴본 과정들은 동시에 진행되는 과정들이었던 것이지요. 에티엔 발리바르(Étienne Balibar)의 표현을 빌리자면, 재생산의 관점을 통해 우리는 처음부터 모든 것이 '사회적 생산의 앙상블'(l'ensemble de la production sociale) 속에 있다는 것을 깨닫게 됩니다.[18]

마르크스는 『자본』 제1장에서 '사회적 생산유기체'(gesellschaftlichen Produktionsorganismus)라는 표현을 썼는데요. [김, 102, 103, 106; 강, 142, 143, 145] 이 말의 의미가 이제야 분명해집니다. 한 기관(관절, Glied)의 운동은 여러 기관으로 이루어진 신체 전체[전체적 편제(Gliederung)]의 재생산 운동 속에서 이루어진다는 게 드러났으니까요. 『자본』 출간 10년 전에 마르크스는 자본주의적 생산양식의 전체 그림을 그리면서 이 점을 분명히 했습니다. "우리가 도달한 결과는 생산·분배·

교환 및 소비가 동일하다는 것이 아니라, 그것들이 모두 하나의 총체성(Totalität)의 기관들, 하나의 통일성(단일성, Einheit)의 내적 구별들을 이루고 있다는 것이다."[19] 전체가 재생산되는 가운데 각각의 계기, 각각의 과정 들이 전체의 규정 아래서 움직이는 겁니다.

　　이야기가 너무 길어졌습니다만 이렇게 해서 하나의 가상이 제거되었습니다. 바로 독립성의 가상입니다. 개별적 자본, 개별적 자본가와 노동자만 보면 모든 것이 따로 보입니다. 상품을 공장에서 생산하는 과정과 공장을 떠난 상품이 시장에서 유통되는 과정이 별개로 보이죠. 또한 공장에 공급되는 생산수단(생산재)의 생산과 개인들에게 공급되는 소비수단(소비재)의 생산도 별개이고, 공장에서 생산수단을 소비하는 것과 가정에서 소비수단(생활수단)을 소비하는 것도 별개이지요. 외견상으로는 그렇습니다. 그러나 전체로서 자본주의의 재생산, 사회적 총자본의 재생산을 고려하는 순간 이 모든 가상은 사라집니다.

◦ '자본가가 지불자'라는 가상이 사라지다

재생산의 관점에서 자본의 생산을 바라볼 때 또 하나의 중요한 가상이 사라지는데요. 바로 자본가가 노동력에 대한 지불자라는 가상입니다. 이걸 가상이라고 하면 고개를 갸우뚱할 수 있을 겁니다. 자본의 생산은 자본가가 노동력을 '구매'하는 것으로 시작했으니까요. 자본가는 노동력의 구매자였습니다. 그리고 구매란 상품에 대해 대가를 '지불'했지요. 자본가의 화폐와 노동자의 노동력이 교환되었으니 자본가는 노동력의 구매자가 맞습니다. 그리고 구매자인 한에서 그는 지불자이기도 합니다. 그런데 재생산을 고려하면 이 또한 단지 외견상으로만 그렇다는 것이 드러납니다.

사실 지난 책에서 우리는 노동자가 자신의 임금을 '생산'한다는 점을 확인한 바 있습니다. 스미스는 이것을 생산적 노동과 비생산적 노동을 가르는 기준으로 삼기도 했지요. 노동자는 자본가가 자신에게 지불한 가치를 생산물의 가치에 담습니다. 생산물의 가치에는 노동력의 가치가 포함되어 있기에 생산물을 판매하는 순간 자본가는 노동자에게 지불했던 임금을 돌려받습니다. 이 때문에 스미스는 "사실 고용주는 아무런 비용도 들이지 않았다"라고 했던 겁니다(『임금에 관한 온갖 헛소리』, 29쪽).

가치 기준이 아니라 현물 기준으로 말해도 똑같습니다. 노동자는 자신에게 지급된 임금만큼의 생산물을 생산합니다(여기에 더해 잉여가치로 전환될 잉여생산물도 생산하지요). 전체 생산물 중 일부는 노동자가 자기의 임금만큼 생산한 것입니다. 부르주아 경제학자들도 생산물의 일부가 임금에 해당한다고 말합니다.[김, 774, 각주 2; 강, 779, 각주 2] 지난 책에서 다룬 잉여가치율에 대한 두 번째 정식이 이런 해석을 담고 있습니다. 다만 부르주아 경제학자들은 노동자가 자신이 받은 임금을 자본가에게 생산(재생산)해주었다고 말하지 않고, 생산물 중 일부가 노동에 대한 대가로서 노동자에게 분배되는 것이라고 했지요. 생산의 문제를 분배의 문제로 교묘히 바꾼 겁니다. 이것이 이데올로기적으로 얼마나 교활한 해석인지는 지난 책에서 이야기했으므로 여기서 더 언급하지는 않겠습니다(『임금에 관한 온갖 헛소리』, 135~140쪽). 하지만 해석이 어떻든 이들도 노동자의 생산물 중 임금에 해당하는 부분이 있다는 점, 다시 말해 노동자가 자신에게 지급될 임금을 생산했다는 점은 인정한 셈입니다.

생산이 한 번만 이루어졌다면 이런 사실이 잘 드러나지 않을 겁니다. 노동자가 생산한 임금은 다음번 생산에 사용될 테니 한 번의 순환에서는 알 수가 없습니다. 개별 노동자만을 보았을 때도 이 점이 드러나지 않을 수 있습니다. 자본가가 다음번에도 동일한 노동자와 계약을 맺는다는 보장이 없으니까요. 게다가 자본가가 생산물 대신 화폐를 들고 오면 진상은 더욱 은폐됩니다. 마르크스가 언젠가 말했듯 화폐에서는 냄새가 나지 않으니까요(『화폐라는 짐승』, 122쪽). 화폐만을 보아서는 그만큼의 가치를 누가 생산한 것인지 알 수가 없습니다. 자본가가 노동력을 구입하기 위해 들고 온 돈이 실제로는 노동자가 노동력의 값으로 생산해서 건네준 것이라는 말이 믿기지 않지요.

그러나 노동력의 거래가 반복적으로 일어난다는 점을 생각하고, "개별 자본가와 개별 노동자 대신 자본가계급과 노동자계급을 고찰하게 되면, 화폐형태가 빚어내는 환상(Illusion)

은 곧바로 사라"집니다.[김, 774; 강, 779] 개별 노동자가 생산한 노동력의 가치를 다음번 그 노동자의 임금으로 사용하지 않을 수는 있습니다. 그러나 노동자계급 전체를 고려하면 다릅니다. 그때는 노동자가 생산한 것을 노동자에게 지불한다고 말할 수 있습니다. "오늘 또는 다음 반년 동안 그의 노동에 대해 지불되는 것은 바로 지난주 또는 지난 반년 동안 수행된 그의 노동이다."[김, 774; 강, 779] 전체 노동자에 대해서는 이런 말이 성립하지요.

앞서도 그랬지만 재생산의 관점, 그것도 전체의 재생산이라는 관점에서 사태를 보는 것이 중요합니다. 마르크스의 말처럼 "자본주의적 생산과정을 [계속되는] 흐름(Fluß) 속에서 그리고 사회적 범위(Umfang)에서 보면 […] 사태가 다르게 보입니다."[김, 779~780; 강, 784] 개별 노동자만 보면 자신이 생산한 것으로 자신이 고용된다는 말을 믿을 수 없습니다. 방적노동자가 자신이 생산한 실로 임금을 받는다는 건 이상한 이야기지요. 그는 일정액의 돈을 받은 뒤 그 돈으로 자신에게 필요한 다양한 생활수단을 구매할 겁니다. 하지만 전체노동자 즉 노동자계급을 고려하면 노동자는 자신이 생산한 것을 받는다는 말이 옳습니다.

전체의 관점에서 보면 노동자가 임금을 화폐형태로 받는지 현물형태(생산물)로 받는지는 큰 의미가 없습니다. 노동력의 가치는 노동력을 재생산하는 데 사회적으로 필요한 생활수단들의 가치 합계입니다. 임금으로 지급된 화폐는 그 생활수단들과의 교환수단일 뿐입니다. 전체 생산물 중 일부를 노동자가 가져갈 수 있도록 자본가계급이 노동자계급에게 주는 증서(Anweisungen)라고 할 수 있지요. 전체로서의 노동자는 전체로서의 자본가에게 이 증서를 제시하고 전체 생산물 중 임금에 해당하는 부분을 가져가는 겁니다.[김, 774; 강, 779]

외견상으로는 자본가가 노동자에게 임금을 지급하지만 실제로는 노동자가 자신이 생산한 임금을 자본가를 통해 받는 것과 같습니다. 자기가 생산한 것을 자기가 지급받는 것이지요. 한마디로 노동자에게 임금을 지불하는 사람은 노동자 자신인 겁니다. 개별적으로 보면 잘 보이지 않지만 계급 전체의 관점에서 보면 분명하게 보입니다. 노동자계급이 노동자계급에 대한 지불자입니다.

이런 사실은 비자본주의적 생산형태, 이를테면 농노제에서 부역 농민의 사례를 보면 더 분명하게 알 수 있습니다. 마르크스는 자본주의사회에 고유한 신비한 성격을 지적할 때 종종 농노제를 예로 듭니다. 상품의 물신주의적 효과가 어떤 것인지 보여주기 위해서도 그랬고(『마르크스의 특별한 눈』, 158쪽), 필요노동과 잉여노동이 어떻게 구분되는지를 보여줄 때도 그랬습니다(『공포의 집』, 49쪽). 여기서도 그렇습니다. 과연 누가 지불자인가. 노동을 시키는 자인가, 노동을 하는 자인가. 부역 농민의 예는 사태의 진상을 말해줍니다.

어느 부역 농민이 매주 사흘은 자기 경작지에서 자신의 생산수단으로 일하고 나머지 사흘은 영주의 농지에서 부역 노동을 한다고 해봅시다.[김, 775; 강, 780] 이 경우 누가 지불자인지 쉽게 알 수 있습니다. 노동하는 인간이 자신의 노동력을 재생산하기 위해 필요로 하는 생활수단의 총량을 노동기금(Arbeitsfond)이라고 하는데요(자본주의에서는 이것이 가변자본의 형태를 취하고 있지요). 부역 농민의 노동기금은 누가 줄까요. 그는 자기 생활에 필요한 물자를 누구에게 받을까요. 물어볼 것도 없지요. 부역 농민 자신입니다. 그는 전체 생산물 중절반은 자기 몫으로 갖고 나머지 절반을 영주에게 줍니다. 자기 몫도 생산하고 영주 몫도 생산한 것이지요. 자본주의처럼 노동기금이 화폐형태를 취하지 않기 때문에 부역 농민은 자신에게 지급된 생산물이 자기가 직접 키워낸 생산물임을 분명히 압니다. 또 노동자의 경우처럼 자발적으로 노동력을 판것도 아니기에, 부역 농민은 영주의 몫으로 제공한 것이 강제로 바친 것임을 압니다. 영주 농지에서의 노동(잉여노동)은 신분사회에서 법으로 강제된 노동이지요.

그런데 어느 날 영주가 경작지, 종자, 가축 등 부역 농민의 생산수단을 모두 몰수했다고 합시다. 그러면 부역 농민은 살기 위해 자기 노동력을 영주에게 팔지 않을 수 없겠지요. 영주에게 고용되는 겁니다. 만약 다른 조건이 불변이라면 부역 농민은 여전히 일주일에 엿새를 일하고 사흘치에 해당하는 생산물을 임금으로 받습니다. 일주일 중 사흘은 자신의 생활을 위해, 사흘은 영주를 위해 생산한다고 할 수 있지요.

그러나 사태는 이전과는 완전히 달라 '보입니다'. 마치 카메라의 어둠상자처럼 지불자의 이미지가 뒤집힙니다. 이전에는 농민이 지불자였지만 이제는 영주가 지불자로 나타납니다. 영주가 생산물을 얻기 위해 농민을 고용하고 노동력에 대해 지불하는 사람처럼 보이지요. 만약 그가 농민에게 화폐형태로 대가를 지불하면 전도된 이미지는 더 강화됩니다. 생산물(잉여생산물)을 얻기 위해 영주가 노동기금에 돈을 투자한 것처럼 보입니다. 영주가 투자한 '가변자본'이 되는 것이지요. 실상은 전혀 달라진 게 없는데도 겉으로는 그렇게 보입니다. 부역 농민은 임금노동자가 된 뒤에도 여전히 자기 노동력을 생산하는 데 필요한 가치(노동기금)를 생산하고 거기에 더해 자본가가 된 영주를 위한 잉여가치도 생산하는데 비추인 모습은 정반대입니다. 그는 자기를 먹여 살리고 영주도 먹여 살리지만 외견상으로는 영주가 그를 먹여 살리는 것처럼 보입니다.

이것이 자본주의입니다. 일종의 시각적 기만인데요. 자본가에게만 그렇게 보이는 게 아니라 노동자에게도 그렇게 보입니다. 주관적 착각이나 환상이 아니라는 말입니다. 물신주의가 그렇듯 자본주의적 사회관계가 유지되는 한 이런 기만과 이런 전도가 나타나는 것을 막을 수가 없습니다(『마르크스의 특별한 눈』, 152~153쪽). 참 서글픈 일입니다. 노동자는 자신이 자기 몫으로 생산해낸 것을 돌려받으면서도, 게다가 자본가의 몫까지 생산해주었는데도, 자본가에게 "내 덕분에 먹고사는 줄 알아!"라는 말을 들어야 합니다.

부르주아 경제학자들에게는 이것이 죽었다 깨어나도 보이지 않을 겁니다. 지난 책에서 마르크스는 부르주아 경제학자들이 '시각적 기만'에 빠져 자본주의가 지금까지 지구상에 출현한 생산형태들 중 얼마나 예외적 형태인지를 알지 못한다고 비판했습니다. 또한 이런 시각적 기만 때문에 임금과 관련해서도 '사태의 진상'에 다가갔으나 정식화하는 데는 실패했다고 했지요(『임금에 관한 온갖 헛소리』, 21쪽). 이번에도 마르크스는 똑같은 사실을 또 지적합니다. 부르주아 경제학자들은 자기 눈에 보이는 대로 믿는 사람들입니다. 자기 눈에 씌워진 렌즈를 의심하지 않는 사람들이지요(욕망이 이성의 눈을 감게 했을 겁니다). "현상형태와 그렇게 현상한 실체(was darin erscheint)를 구분할 수 없는 협소한 두뇌를 가진 부르주아 경제학자는 오늘날까지도 노동기금이 지구상에서 단지 예외적으로만 자본의 형태로 나타난다는 사실에 눈을 감고 있다."[김, 775~776; 강, 780~781]

○ 등가교환의 가상이 사라지다

사실은 임금만이 아닙니다. 마르크스에 따르면 "자본주의적 생산과정의 단순한 연속 즉 단순재생산만을 고려해도, 가변자본만이 아니라 전체 자본까지 엄습하는 또 다른 기이한 변화가 생겨"납니다.[김, 776; 강, 781] 또 하나의 가상이 사라지는 것이지요. 조금 전에 본 것은 가변자본의 정체였습니다. 실상은 노동자가 자신에게 지불할 노동기금(임금)을 생산해서 자본가 손에 건넨 것임에도 자본주의에서는 자본가가 자기 돈을 노동력에 투자한 것, 즉 자본의 한 형태(가변자본)로 나타난다고. 그런데 마르크스는 재생산을 고려함으로써 가변자본만이 아니라 자본 전체가 다르게 보인다고 말합니다. 자본가가 처음 자본을 언제 어디서 어떻게 획득했는지는 몰라도 됩니다. 태초에 신이 그에게 선사했다고 해도 상관없습니다. 자본의 재생산을 고려하면, 즉 그가 자본을 계속해서 재생산해왔다는 관점에서 보면, 자본가가 손에 쥔 자본의 성격은 어느덧 새롭게 변해 있습니다(참고로 우리 시리즈 마지막 권에서는 자본가가 처음 획득한 자본의 정체에 대해서도 밝힐 겁니다).

마르크스는 재미있는 사고실험을 제안합니다.[김, 776; 강, 781] 자본가가 어디서 났는지는 모르지만 1000파운드스털링을 가져왔다고 합시다. 그는 그 돈을 투자했고, 해마다 잉여가치가 200파운드스털링씩 생산된다고 가정합시다. 해마다 생겨나는 이 200파운드스털링을 자본가가 개인적으로 모두 소비한다면 몇 년이 지나도 자본은 처음 그대로 1000파운드스털링이 될 겁니다. 이것이 바로 단순재생산이지요. 이런 식으로 5년을 보냈다면 어떻게 될까요. 그는 매년 200파운드스털링씩 모두 1000파운드스털링을 소비했지만 수중에 여전히 1000파운드스털링을 가지고 있습니다. 그는 처음의 돈을 잘 굴려서 5년을 살았다고 생각하겠지요. 황금알을 낳는 암탉처럼 처음의 돈을 그대로 가지고 있다고 믿으면서요.

그러나 잉여가치가 생산되지 않았다면 어떻게 될까요.

그가 1000파운드스털링을 금고에 넣어둔 채 그것을 담보 삼아 누군가에게 매년 200파운드스털링씩 빌려서 생활을 했다면 어떻게 될까요. 그의 수중에는 여전히 1000파운드스털링이 있을 겁니다. 하지만 그의 채무도 그만큼이지요. 그가 내 재산은 처음 그대로라고 말하는 것은 의미가 없습니다. 마르크스의 말을 빌리자면, 이 경우 "그의 전 재산은 그의 부채 총액을 나타낼 뿐"입니다. 아무도 열 수 없는 금고에 넣어두었다고 해도 그의 전 재산은 다 빠져나간 것과 같습니다.

재생산의 경우도 마찬가지입니다. 자본가가 매년 200파운드스털링의 잉여가치를 개인적으로 써버렸다면 5년 동안 그는 1000파운드스털링을 개인적으로 빼서 쓴 것과 같고, 이는 지금 남아 있는 자본 중 그가 처음에 지녔던 자본은 한 푼도 남아 있지 않다는 뜻이 됩니다.[김, 777; 강, 782] 그럼 지금 그의 손에 있는 자본의 정체는 무엇일까요. 그것은 그가 처음 손에 들고 온 그 돈이 아니고 노동자들이 생산한 잉여가치입니다. 이미 우리는 자본의 증식분 즉 잉여가치가 노동자들이 생산한 것임을 알고 있습니다. 하지만 지금 마르크스가 말하는 것은 조금 다릅니다. 새로 늘어난 부분, 새로 증식한 부분만이 아니라, 기존에 쥐고 있던 부분도 어느덧 성격이 변했다는 것이지요. 전혀 축적이 이루어지지 않아도, 단순재생산만 반복한다 해도, 자본의 성격은 변합니다. 설령 처음의 자본이 자본가의 피땀이라고 해도 일정 기간이 지나면 그 자신의 피땀은 사라진 지 오래고, 남은 것은 남의 피땀 즉 노동자의 피땀인 것이지요.

혹시 단순재생산만을 고려했기 때문에 그런 걸까요. 자본가가 잉여가치를 모두 개인적으로 써버렸다고 가정해서 이렇게 된 거 아닐까요. 그렇지 않습니다. 확대재생산을 고려해도 마찬가지입니다.[김, 793~795; 강, 797~799] 자본가가 잉여가치의 일부 혹은 전부를 다시 투입하면 확대재생산(축적)이 일어납니다. 자본가가 처음에 1만 파운드스털링을 투자했다고 합시다. 불변자본에 8000파운드스털링을, 가변자본에 2000파운드스털링을 투자했고, 잉여가치율이 100퍼센트 즉 매년 2000파운드스털링의 잉여가치를 얻었다고 해보죠. 그렇게 되면 다음해에는 1만 파운드스털링만이 아니라 2000파운드스털링도 잉여가치를 낳습니다. 처음 1만 파운드스털링에 대해서는 정체를 문제 삼지 않기로 했으니 그대로 둡시다. 하지만 2000파운드스털링에 대해서는 다릅니다. 그것은 노동자들이 생산한 잉여가치입니다. 설령 1만 파운드스털링은 자본가의 피땀이라 인정한다고 해도 2000파운드스털링은 노동자의 피땀임이 분명합니다.

이런 식의 확대재생산이 여러 해 반복되었다고 해볼까요. 어떻게 될까요. 전체 자본의 규모가 상당할 겁니다. 그런데 전체 자본 중 처음 1만 파운드스털링을 제외한 부분은 성격이 모두 같습니다. 모두 노동자가 생산한 잉여가치이지요. 확대재생산이 계속될수록, 즉 자본축적이 진행될수록 후자의 규모가 커집니다. 나중에 전자의 크기는 후자에 비하면 무시해도 좋을 정도의 크기가 될 겁니다. "수학적 의미에서의 무한소(magnitudo evanescens)"가 되는 것이지요.[김, 802; 강, 805] 사실상 없는 것으로 치부해도 좋다는 이야기입니다.

단순재생산이든 확대재생산이든, 재생산의 관점에서 고찰한다면, 자본가가 들고 있는 자본은 모두 노동자가 생산한 잉여가치입니다. 모두 노동자로부터 짜낸 것이지요. 그것도 아무런 지불 없이 취한 겁니다. 잉여가치란 불불노동이니까요. 즉 "등가물 없이 취득한 가치 내지 지불하지 않은 타인의 노동"입니다.[김, 777; 강, 782]

자본가의 자본이 대가를 지불하지 않은 타인(노동자)의 노동이라는 사실은 매우 중요한 의미를 갖습니다. 마르크스는 여기서 '자본'을 처음 정식화했던 제2편의 제4장으로 돌아갑니다. 거기서 그는 일반적인 상품 및 화폐의 유통만으로는 자본이 생겨날 수 없다고 했습니다. '증식하는 가치'로서 자본이 가능하려면 가치증식을 가능케 하는 상품, 다시 말해 잉여가치를 낳는 상품으로서 노동력이 필요합니다(『성부와 성자』, 126~127쪽). 한쪽에는 '가치'의 소유자 즉 생산수단과 생활수단을 가진 자가 서고, 다른 한쪽에는 '가치를 창조할 실체' 즉 노동력만을 소유한 자가 서야 합니다. 이처럼 "노동생산물과 노동 자체의 분리, 객체적 노동조건들과 주체적 노동력의 분리야말로 자본주의적 생산과정의 실질적으로 주어진 토대이자 출발점"입니다.[김, 777; 강, 782]

그런데 자본이 재생산된다는 것은 이 출발점이 매번 반

복된다는 뜻입니다. 노동력의 구매자인 자본가는 판매자인 노동자에게 일정한 가치를 지불하고 노동력을 계속 구매합니다. 외견상으로는 매번 똑같습니다. 그런데 자본의 생산이 반복되면 언제부턴가 자본가가 들고 온 돈의 성격이 바뀌어 있습니다. 구매자로서 자본가가 들고 있는 돈은 그동안 그가 노동자로부터 '등가물 없이 취득한 가치' 즉 '불불노동'인 겁니다. 앞서 노동력의 가치는 노동자가 생산한 것이라고 했는데요. 이제는 노동력은 물론이고 생산수단까지, 자본가가 상품을 구매하기 위해 지불하는 돈은 모두 그가 대가 없이 취득한 돈이라는 게 드러납니다.[김, 795~796; 강, 800]

　　대가 없이 취한 돈으로 대가를 지불하다. 어디서 본 풍경 아닙니까. 마르크스는 이를 "피정복자에게 탈취한 화폐로 피정복자의 상품을 구매하는 정복자의 오래된 수법"이라고 했는데요.[김, 794; 강, 798] 앞서 언급한 적 있는 로마와 소아시아의 사례를 염두에 둔 표현입니다(『성부와 성자』, 90쪽). 소아시아 도시들은 매년 로마에 막대한 양의 귀금속을 세금으로 바쳤습니다. 하지만 로마와의 교역에서는 큰 흑자를 봤지요. 소아시아 상인들은 로마에 물건을 납품할 때 가격을 부풀렸으며, 로마를 속였다고 좋아했지요. 그러나 마르크스에 따르면 속은 것은 그들 자신입니다. 로마인들이 한 일이라고는 소아시아인들이 바친 돈으로 소아시아인들의 상품을 산 것뿐이니까요. 로마인들이 제값을 치렀다고 해도, 아니 아주 부풀린 가격을 지불했다 해도, 로마인들은 정의로운 사람도 아니고

인심이 후한 사람도 아닙니다. 그냥 소아시아인들의 재산을 탈취한 사람들이지요.

　　노동력의 거래도 마찬가지입니다. 재생산의 관점에서 보면 노동력에 대한 등가교환은 단지 외관이고, 형식에 지나지 않는다는 것을 알 수 있습니다. "자본가와 노동자 사이의 교환의 관계가 단지 유통과정에 속하는 가상(Schein)이라는 것(외관에 불과하다는 것), 내용과는 거리가 먼(fremd), 단지 내용을 신비화할 뿐인 형식에 지나지 않는다는 것" 말입니다.[김, 796; 강, 800] 노동력의 거래에 관한 한 등가로 지불한다 해도 기본적으로는 '착취'인 것입니다.

3

드러나는 계급관계

자본주의에서는 자본가를 위해
좋은 일이 겹쳐 일어나는 경우가 많지요.
또 한 번의 일석이조라고 해야 할까요.
'가난'이라는 놈이 자본가의 하수인 역할을 합니다.
노동자를 다시 자본가에게 끌고 오지요.
가난은 노동력이라는 상품이 출현하는
역사적 조건이기도 하고
노동력의 지속적 공급을 보장하는
현실적 조건이기도 합니다. 그래서
자본의 재생산에는 가난의 재생산이 필요합니다.
어느 개별 자본가에게
노동력을 팔지 않을 순 있어도,
자본가계급에게 노동력을 팔지 않을 순 없습니다.

반 고흐,〈석탄 자루를 나르는 광부 여인들〉, 1882.
노동자의 개인적 소비는 노동력을 재생산하면서 가난을 재생산한다.
노동자들은 소비를 통해 가난해지고
다시 맨 몸뚱이로 자본가 앞에 설 수밖에 없다.
노동자는 공장 문을 나서고도 그리 멀리 가지 못한다.
임금이란 말뚝에 매어놓은 줄과 같다.

나는 제7편의 도입부에서 카메라가 줌아웃 된 것처럼 시야가 확대된다고 했습니다. 재생산의 관점에서 본다는 것은 자본의 생산을 지속적인 흐름 속에서, 한 번이 아니라 계속 반복되는 일로 본다는 뜻입니다. 또한 재생산의 관점에서 본다는 것은 자본의 생산을 생산영역만이 아니라 유통영역까지 모두 포괄해, 그리고 개별 자본이 아니라 사회적 총자본의 재생산으로 본다는 뜻입니다. 그러므로 자본의 재생산을 보려면 우리 이성의 추상적 시야를 시간적으로나 공간적으로(사회적으로) 크게 확대해야 합니다.

◦ 자본의 재생산은 노동자의 재생산

그런데 마르크스가 여러 차례 밝힌 것처럼 『자본』에서 '자본가'는 자본의 인격적 구현입니다. 인격화된 자본, 인간의 탈을 쓴 자본이라고 할 수 있지요[재생산을 다루면서도 마르크스는 '자본가'가 하나의 '가면'(Charaktermaske)이라는 점을 재확인합니다[김, 773; 강, 778]]. 사회적 총자본에도 그에 부합하는 인격으로서 '총자본가'가 있습니다. 제7편 도입부에서 말한 것처럼 마르크스는 개별적이고 특수한 자본가들을 하나로 합쳐 '총자본가'라고 부릅니다. 개별적이고 특수한 자본가들을 모두 하나의 목소리, 하나의 이해관계로 묶은 겁니다.

물론 개별 자본가들의 모습을 보면 고개를 갸웃할 수도 있습니다. 개인으로서 자본가는 자신만의 이익을 위해 최선을 다하는 사람이니까요. 다른 자본가들은 그에게 이익을 다

투는 경쟁자이고, 많은 경우 이익을 침해하는 적대자입니다. 그는 무슨 수를 써서든 경쟁에서 살아남으려 하고 다른 자본가들을 제압하려고 합니다. 그런데 기묘한 것은 이런 개별 자본가들의 노력이 총자본의 요구를 효과적으로 실현하는 길이기도 하다는 사실입니다. 경쟁에서 승리하기 위해 경쟁적으로 노동일의 길이를 늘이고 노동생산력을 높이려는 개별 자본가들의 노력은 자본 일반 즉 사회적 총자본의 증식에도 기여한다는 거죠(『공포의 집』, 126~127쪽). 나는 이전 책에서 개별 자본가들의 경쟁이 "마치 총자본가가 지휘라도 한 것처럼… 자본가 전체에 유익"하다고 했는데요(『거인으로 일하고 난쟁이로 지불받다』, 44쪽). 마르크스는 자본의 재생산을 고찰할 때도 이 점을 지적합니다.

　이번 장에서 나는 개별 인격이 아니라 집단 인격으로서 '총자본가 즉 자본가계급'과 '총노동자 즉 노동자계급'의 관계에 주목하고 싶습니다. 마르크스는 재생산의 관점에서 보면 자본생산을 둘러싼 여러 가상을 제거할 수 있다고 했습니다. 그리고 앞서 살펴보았듯 노동력의 거래와 관련된 몇 가지 가상을 제거했습니다. 그런데 노동력의 거래란 화폐와 상품을 교환하는 거래인 동시에 화폐소유자와 상품소유자 간의 거래이기도 합니다. 전체 계급의 시각에서 보면 자본가계급과 노동자계급의 거래이지요.

　이러한 전환은 『자본』 제1장에서 제2장으로 넘어갈 때와 비슷합니다. 마르크스는 제1장에서 교환을 상품들 사이의 일로 분석했지만 제2장에서는 상품소유자들 사이의 일로 분석했습니다(『화폐라는 짐승』, 16~19쪽). 이렇게 시각을 상품소유자의 문제로 전환하자마자 상품교환을 위한 새로운 조건들이 부각되었지요. 상품교환을 사물들의 교환으로 보았을 때는 가치의 등가성만이 문제 되었지만, 인간들의 교환행위로 바라보자 소유자들의 인격적 동등성(역사적 신분 해방)과 교환에 대한 욕구 등 새로운 문제가 떠올랐습니다.

　　자본의 재생산에 대해서도 우리는 비슷한 이야기를 할 수 있습니다. 자본의 재생산이란 자본을 가능케 하는 노동력의 재생산이기도 합니다. 이것은 자본의 인격적 담지자로서 자본가와 노동력의 인격적 담지자로서 노동자의 재생산을 의미하기도 합니다. 자본의 재생산을 자본가와 노동자의 재생산으로도 볼 수 있다는 말이지요. 그런데 이처럼 자본의 재생산을 인간의 재생산으로 바라본다면, 우리는 그것을 현물의 재생산, 가치의 재생산으로만 보았을 때와는 다른 이야기를 할 수가 있습니다.

　　나는 이전 책에서 상품의 생산만이 아니라 상품을 생산할 노동자의 생산도 중요하다고 말한 바 있습니다. 자본주의적 생산양식을 '상품의 생산양식'으로서만이 아니라 '주체성의 생산양식'으로서도 파악해야 한다고 했지요(『공포의 집』, 134~135쪽). 이런 점에서 마르크스가 19세기 공장의 원형으로 파악한 17~18세기의 구빈원에 주목하자고 했습니다. 당시 구빈원은 일종의 '노동 교화소'였습니다. 상품을 만드는 곳이라기보다 사람(노동자)을 만드는 곳이었지요. 경제적 공간이라기보다는 윤리적 공간이었다고 할 수 있습니다. 주체성의 생산에서는 윤리, 심성, 문화 등도 중요합니다(『공포의 집』, 135~140쪽). 만약 자본의 재생산을 주체성의 재생산이라는 점에서 접근한다면 우리는 재생산의 조건들이 경제에 국한되지 않는다는 것을 알 수 있습니다(부록노트를 참고하세요).

　　아쉽게도 마르크스는 재생산에 대한 논의를 이쪽으로 확장하지는 않았습니다. 자본의 재생산을 인간관계의 측면에서 다루기는 하지만 일단은 '경제적 범주의 인격화'라는 점에서만 다룹니다. 즉 자본가를 자본의 인격적 구현으로, 노동자를 노동력의 인격적 구현으로만 다루지요. 물론 이렇게만 해도 몇 가지 중요한 사실은 포착할 수 있습니다. 겉모습만 보았을 때와는 사태가 전혀 다르다는 것을 알게 되지요.

　　　　。자유로운 교환의 가상이 사라지다

자본의 재생산에 노동력의 재생산이 필수적이라는 건 두말할 필요가 없습니다. 현물의 생산도 그렇지만 가치의 생산을 위해서는 노동력이 반드시 필요합니다. 노동력만이 가치를 생산하니까요. 이는 자본 재생산을 위해서는 자본가가 노동력을 계속 구매할 수 있어야 한다는 뜻입니다. 노동자 쪽에서 말하자면 자본가에게 노동력을 팔아야만 하는 상황이 계속된다는 뜻이고요.

　　우리는 노동력의 판매가 노동자에게 무엇을 의미하는지

에 관해 이미 살펴본 바 있습니다. 시리즈 3권에서 나는 상품으로서 누군가의 소유물이 된다는 것은 인격을 박탈당한 채 마음대로 처분해도 좋은 사물이 되는 것이라고 했습니다(『화폐라는 짐승』, 22쪽). 이는 노동력을 판매한 경우에도 해당합니다. 특히 노동력 같은 생체 능력은 상품에 대한 지배가 생체에 대한 지배가 될 수밖에 없습니다. 노동자로부터 노동력을 물리적으로 분리시킬 수 없는 한 노동력에 대한 전제적 지배는 노동자에 대한 전제적 지배가 될 수밖에 없지요. 자본가가 노동력을 사용하는 시간이란 자본가가 노동자를 부리는 시간입니다. 반대로 말하면 자본가가 노동자를 부리는 시간은 그가 자신의 상품을 사용하는 시간, 그가 자신의 사물을 사용하는 시간이라고 할 수 있습니다.

자본의 생산과정을 다룰 때도 그랬지만 자본의 재생산과정을 다루면서도 마르크스는 먼저 이 점을 확인해둡니다. 노동력(노동력의 사용권)을 판매한 순간부터, 그러니까 "과정[생산과정]에 들어가기 전부터 이미 노동자의 노동은 노동자 자신으로부터 소외"된다고요.[김, 778; 강, 783] 노동력 판매에서 예감하는 소외는 생산과정에서 곧바로 확인됩니다. 생산과정(노동과정)이란 노동력의 사용과정입니다(『생명을 짜 넣는 노동』, 56~62쪽). 노동자가 노동력을 발휘하는 과정이지요. 하지만 노동력 사용권이 자본가에게 있는 한에서 생산과정이란 자본가가 구매한 노동력의 소비과정입니다. 상품으로서 노동력이 있을 뿐 노동자는 없는 것과 같습니다. 인간이 일하고 있다고 해도 실제로는 노동력이라는 상품이 스스로 움직이는 것처럼 간주해야 합니다.

생산과정에 머무는 동안 노동력은 자본가의 전유물입니다. "자본가에게 전유되고(angeeignet) 자본과 한 몸을 이루게(einverleibt)" 되지요.[김, 778; 강, 783] 노동자는 끊임없이 생산물을 만들어냅니다. 그러나 이 생산물은 효모 노동의 산물이 모두 양조업자의 것이듯 모두 자본가의 것입니다. 양조업자가 포도주통을 가리키며 '효모를 사서 내가 발효시켰지'라고 말하는 것처럼, 자본가는 '내가 몇 사람 고용해서 만들어낸 거야'라고 말합니다.

자본이 재생산된다는 것은 이런 일이 반복된다는 뜻입니다. 노동자는 끊임없이 자신을 잃어버린 채 타인의 부를 생산합니다. 마르크스의 표현을 쓰자면 계속해서 "객체적(objektiv) 부를 자본으로서" 생산합니다. 그를 소외시키는 '낯선'(fremd) 힘, 그를 "지배하고 착취하는" 힘을 계속 생산하는 겁니다. 자본의 재생산은 소외의 재생산입니다. 그런데 자본가에게는 이런 노동력이 계속 필요합니다. 노동자가 '객체적 부'(자본)를 생산한다면 자본가는 그런 부의 '주체적(subjektiv) 원천'으로서 노동력을 생산해야 합니다. 그런데 노동력의 생산은, 노동력이 노동자의 신체에만 존재하는 한 노동자(임금노동자)의 생산과 같습니다.[김, 778; 강, 783] 자본이 재생산된다는 것은 이처럼 노동자가 자신을 지배하고 착취할 자본을 계속 생산하고(소외된 노동의 반복), 자본가는 그런 지배와 착취의 대상으로서 노동자를 계속 생산한다는 뜻입니다.

　마르크스는 이것을 생산영역과 유통영역에서 함께 발견합니다. 앞서 마르크스는 '생산적 소비'와 '개인적 소비'를 구분했는데요. 생산영역에서 생산요소들을 소비하는 것을 '생산적 소비'라고 했고, 유통영역에서 생활수단을 구매해 일상에서 소비하는 것을 '개인적 소비'라고 했지요. 생산적 소비가 생산물(상품) 생산과정이라면, 개인적 소비는 인간(주체) 생산과정이라고 할 수 있습니다. 이것을 노동자에게 적용하면 어떻게 될까요. 생산과정에서 노동자는 노동력을 생산적으로 소비합니다(물론 자본주의에서는 이것을 자본가가 자신의 상품을 소비하는 과정으로 간주합니다). 자신의 노동력과 생산수단을 소비해서 투하한 자본보다 큰 가치를 지닌 생산물을 생산합니다. 또한 그는 노동력을 판매한 대가로 받은 화폐로 생활수단을 구매하고 그것을 소비하면서 자신의 노동력을, 다시 말해 임금노동자로서 자기 자신을 생산합니다.[김, 779; 강, 783~784]

　겉보기에 두 영역은 전혀 다릅니다. 이 점은 그 누구보다 노동자 자신이 아주 잘 압니다. 마르크스는 『경제학 철학 초고』(1844)에서 두 영역의 차이를 실감나게 표현했지요. 노동 중에 있을 때 노동자는 자기 자신을 부정하고 불행을 느낍니다. 자신을 자신이 아닌 것처럼 느끼지요. 반면 노동에서 벗어나면 자신을 되찾은 느낌이 듭니다. 자신의 인간적 능력(노동력)이 발휘될 때는 비참함을 느끼고 동물로 돌아갔을 때, 즉 먹고 마시고 생식할 때 자유롭다고 느끼지요(『생명을 짜 넣는 노동』, 66~67쪽). 노동자에게 생산적 소비(노동)의 시간과 개인적 소비의 시간은 완전히 별개입니다. 그는 공장에 있을 때와 공장에서 벗어났을 때를 혼동할 수 없습니다. 전자의 시간은 그가 그 자신이 아닌 시간, 자기 몸과 자기 정신이 남의 몸, 남의 정신처럼 움직이는 시간입니다. 반면 후자의 시간은 "자기 자신에게 속해 있는" 시간입니다. 그의 손발은 더 이상 자본의 생산 기능들을 수행하지 않습니다. 그 대신 자신의 '삶의 기능들'(Lebensfunktionen)을 수행하지요. 전자의 시간이 '자본가의 삶'을 생산하는 시간이라면 후자의 시간은 '노동자 자신의 삶'을 생산하는 시간이라 할 수 있겠습니다.[김, 779; 강, 784]

그런데 정말 그럴까요. 겉보기에는 그렇습니다. 누구보다 노동자 자신에게 그렇게 보입니다. 하지만 재생산의 관점에서 보면 또 달라집니다. 생산적 소비의 시간과 개인적 소비의 시간을 나누는 기준은 '노동일'인데요. 노동일이란 하루 중 노동시간 즉 노동자가 생산과정에 머물러야 하는 시간입니다. 우리는 이 노동일의 길이가 어떻게 정해지는지 알고 있습니다. 노동력을 사용하는 시간과 그렇지 않은 시간을 어떻게 나눌 것인가. 노동력을 사용하지 않는 시간이란 무엇인가. 자본주의에서 그것은 노동력을 유지하고 재생산하는 데 필요한 시간입니다. 노동하지 않는 시간이 노동하는 시간을 위해 존재한다는 뜻이지요. 노동자에게 개인적 소비의 시간이 주어진 것은 생산적 소비에 필요하기 때문입니다.[김, 779; 강, 784] 먹기 위해 일한다기보다 일하기 위해 먹는다고 할까요. 극단적 사례를 우리는 이미 '노동일'에 관한 장에서 보았습니다. 기계 곁을 떠나면 안 되기에 옆에서 밥을 떠먹여주어야 했던 일곱 살 어린 노동자를 기억할 겁니다(『공포의 집』, 68쪽, 75쪽). 일하는 중에 밥을 먹는다는 것은 아이에게 밥을 먹이는 이유가 무엇인지를 분명하게 보여주지요.

공장 바깥에서 밥을 먹는다고 사정이 다를까요. 물론 밥을 좀 편안하게 먹을 수는 있습니다. 그러나 밥을 먹는 환경이 밥을 먹는 이유, 노동자에게 밥을 먹게 하는 이유까지 바꾸지는 못합니다. 마르크스는 노동자가 생활수단을 소비하는 것은 "증기기관에 석탄과 물을 붓고 바퀴에 기름칠을 하는 것과 마찬가지"라고 말합니다.[김, 779; 강, 784] 차이가 있다면 기계는 노동자가 기름칠을 하지만, 노동자의 경우에는 스스로 기름칠을 한다는 점이지요.

물론 개별 자본가와 개별 노동자만 보면 이 점이 잘 보이지 않습니다. 공장에서의 식사시간과 휴식시간은 물론이고 퇴근해서 집에 머무는 시간까지, 개별 자본가에게는 노동자가 노동하지 않는 모든 시간이 낭비로 보일 겁니다. 자본증식을 방해하는 시간처럼 보이지요. 그러나 이것은 그렇게 '보이는' 것일 뿐입니다. 만약 우리가 자본주의사회 전체의 재생산을 생각한다면, 그리고 "개별 자본가와 개별 노동자가 아니라 자본가계급과 노동자계급을 살펴본다면" 사태가 다르게 나타납니다. 노동자의 개인적 소비는 총자본의 증식에 꼭 필요하다는 게 드러나지요.

노동자의 개인적 소비 시간은 부(자본)의 '주체적 원천'인 노동자를 생산하는 시간입니다. 상품의 생산과정처럼 노동자의 생산과정을 떠올려보세요. 이 경우 노동자가 먹고 입는 것, 즉 노동자가 개인적으로 소비하는 생활수단은 노동자를 만들어내는 생산수단이 됩니다. 노동자는 생활수단을 소비하면서 자신의 "근육과 신경, 뼈, 뇌를 재생산"하고, 자기 아이들의 근육과 신경, 뼈, 뇌를 생산합니다. 현재의 노동자 자신을 재생산하면서 미래의 노동자를 생산하는 것이지요. [김, 780; 강, 784~785]

이렇게 보면 노동자의 개인적 소비는 개인적 소비가 아닙니다. 기계에 대한 기름칠이 노동시간에 이루어졌는지 휴식시간에 이루어졌는지 상관없이 자본의 생산과 재생산에 꼭 필요하듯, 노동자 자신에 대한 기름칠도 그것이 공장에서 이루어졌는지 바깥에서 이루어졌는지와는 상관없이 자본의 재생산에 꼭 필요합니다. 총자본의 재생산이라는 관점에서 보면 노동자의 개인적 소비는 매우 생산적인 소비입니다.[김, 780; 강, 785]

◦ 노동하지 않는 시간에도 노동자는 생산한다

보통 노동자가 노동하지 않는 시간을 자유시간이라 부릅니다. 생산영역처럼 자본가의 통제를 받지 않는다는 점에서 노동자는 자유롭습니다. 소비영역(개인적 소비)에서 노동자는 자신이 원하는 것을 먹을 수 있고 마음에 드는 것을 입을 수 있습니다. 생산영역에서는 자본가를 기쁘게 하는 일을 해야 하지만 소비자로서 노동자는 자신에게 기쁨을 주는 일을 할 수 있습니다.

그런데, 과연 그런가. 자본의 재생산이라는 점에서 바라보면 공장을 떠난 뒤 노동자가 자본가의 통제에서 벗어나는지 확실치 않습니다. 개인적 소비란 노동자가 자본가가 아니라 자기 자신을 위해 행하는 활동인데요. 자기 자신을 위하는 일이 자본의 재생산 관점에서 보면 다시 자본가를 위한 일이 됩니다. 마르크스는 우리에게 씁쓸한 진실을 일깨워줍니다. "일하는 짐승이 스스로 좋아서 먹이를 먹는다고 해서 그 짐승이 행하는 소비가 생산과정의 한 필수적 계기라는 사실이 달라지지는 않는다."[김, 780; 강, 785]

최선의 세팅이란 이런 것일까요. 자본가는 공장의 생산수단을 관리할 때 신경을 많이 써야 합니다. 그러나 노동력의 유지와 재생산에 대해서는 그럴 필요가 없습니다. 노동자는 자기 몸을 알아서 돌봅니다. 기계는 녹슬지 않도록 계속해서 기름칠을 해야 하지만(기계 값 이외에 관리비가 들지요) 노동력의 경우에는 값만 지불하면 별도의 관리비 없이 신제품처럼 유지가 됩니다. 자본가는 노동자계급의 유지와 재생산을 "노동자의 자기유지 본능과 생식 본능에 안심하고 맡"길 수가 있습니다.[김, 780; 강, 785] 자본가에게는 '일석이조'입니다.[김,

780; 강, 785] 한 번의 지불로 잉여가치도 얻고 노동력도 얻으니까요.

한마디 덧붙이자면, 자본가가 노동자계급의 유지와 재생산을 노동자의 '본능'에 맡겨놓을 수 있다는 것에 대해서는 생각해볼 점이 있습니다. 노동력도 상품인 한에서는 이 상품을 생산하는 노동이 투입되고요. 지난 책에서 나는 이 문제를 길게 다룬 바 있습니다(『임금에 관한 온갖 헛소리』, 부록노트). 일반적인 상품의 경우와 달리 노동력을 생산하는 노동은 가치 생산 노동으로 인정받지 못한다고, 이 노동에서는 '가치화' 대신 '자연화'(본성화)가 일어난다고, 그리고 이런 자연화를 통해 이 노동과 이 노동을 수행하는 이들(이를테면 가사노동을 수행하는 주부들)이 은폐되고 가치체계 바깥으로 밀려난다고 했습니다. 자본의 재생산에 필수적이면서도 셈에서는 빠지는 존재들이지요. 자본이 필요로 하기 때문에 포섭하지만 구성요소로서는 인정하지 않는, 말하자면 '배제하는 형태로 포함하는' 존재들이라고 하겠습니다(나는 개인적으로 이들이야말로 프롤레타리아트의 전형적 형상이며, 노동자 역시 이런 성격을 나눠 갖는 한에서 프롤레타리아적이라고 생각합니다). 아쉽게도 마르크스는 여기서 "본능에 맡긴다"라는 말이 무엇을 의미할 수 있는지에 대해 더는 파고들지 않았습니다.

어떻든 자본가로서는 노동력의 재생산을 노동자에게 맡겨놓아도 좋습니다. 노동자 자신이 노동력을 재생산하는 노동을 직접 수행했는지, 그의 가족 성원에게 떠맡겼는지는 자본가의 관심사가 아닙니다. 물론 마르크스는 자본가계급이 노동자계급의 소비에 완전히 관심을 끄지는 않는다고 지적합니다. 힘든 노동을 감내할 수 있도록 탄광 노동자들에게 반강제로 콩을 먹였던 남미의 광산업자들처럼 '거칠게' 개입하지는 않더라도, 자본가계급은 건강한 노동력의 생산과 관련해서는 노동자들의 개인적 소비에 일정한 개입을 합니다.[김, 781, 각주 9; 강, 785, 각주 8]

안토니오 그람시(Antonio Gramsci)는 이와 관련해 20세기 전반 미국의 산업을 주도한 이념인 포드주의(Fordism)에 대해 흥미로운 분석을 내놓은 바 있습니다. 포드주의란 대량생산과 대량소비를 결합한 체제라고 합니다. 생산과정에 '테일러주의'(과학적 관리법)를 도입함으로써 대량생산이 가능해졌고(『거인으로 일하고 난쟁이로 지불받다』, 216~226쪽), 상품 가격이 떨어졌지요. 그러나 임금을 떨어뜨리지는 않았습니다. 많이 생산하고 많이 소비하는 체제를 만들어낸 것이지요. 하지만 생활양식에서는 '청교도주의'(금욕적 생활)를 강조했습니다. 언뜻 보면 모순되지요.

그런데 그람시는 "미국에서 작업의 합리화와 주류 양조 및 판매의 금지는 의심할 바 없이 상호 연관되어 있다"라고 했습니다. 생산과정의 작업방식(상품의 생산)과 생산과정 바깥의 생활양식(노동자의 생산)이 긴밀히 맞물려 있다는 것이지요.[20] 소비를 하되 건강한 소비, 생산적인 소비를 해야 한다는 겁니다. 그람시에 따르면 생산에서의 테일러주의와 생활에서의 청교도주의가 결합한 배경에는 "노동자들이 돈을 자신의 근육과 신경의 효율성을 유지하고 갱신하며, 그리고 가능하다면 그것을 증대시키는 데 사용해야지 그 효율성을 부식시키고 파괴하는 데 사용해서는 안 된다"라는 인식이 깔려 있습니다.[21]

마르크스의 말을 인용해볼까요. "자본가와 그의 이데올로그인 정치경제학자는 노동자의 개인적 소비 중에서 노동자계급의 영속화를 위해 필요한 부분, 즉 자본이 노동력을 먹어치우기(verzehren) 위해서는 [노동자들에게] 실제로 먹여야만 하는 부분만을 생산적인 것으로 간주한다. 그 외에 노동자가 자신의 쾌락을 위해 먹어치우는 것은 비생산적 소비인 것이다."[김, 780~781; 강, 786]

자본가로서는 애초 노동력 재생산에 필수적인 양 이상을 임금으로 지급하는 것 자체가 낭비라고 생각하겠지요. 쾌락을 위해 돈을 쓸 정도면 임금 수준이 너무 높은 것 아닌가 싶을 겁니다. 그러나 과도한 소비의 기준에 대한 논란은 차치하더라도, 이런 소비가 문제 되는 건 자본가가 아니라 노동자 자신입니다. 소비는 노동자를 가난하게 만드니까요. 꼭 과도한 소비만 그런 게 아닙니다. 정도의 차이는 있지만 기본적으로 노동자의 개인적 소비는 노동자 자신에게는 모두 비생산적입니다. 그러나 이런 소비도 "자본가와 국가에는 생산적"입니다. 노동자의 개인적 소비란 노동력의 생산 활동("타인의 부를 생산하는 힘의 생산")이니까요.[김, 781; 강, 786]

그런데 노동자의 개인적 소비에는 노동력을 생산한다는 것 말고도 자본가에게 유익한 점이 있습니다. 자본주의에서는 자본가를 위해 좋은 일이 겹쳐 일어나는 경우가 많지요. 또한 번의 일석이조라고 해야 할까요. 개인적 소비가 노동자를 가난하게 만든다고 했는데요. 이 '가난'이라는 놈이 자본가의 하수인 역할을 합니다. 노동자를 다시 자본가에게 끌고 오지요. 가난은 노동력이라는 상품이 출현하는 역사적 조건이기도 하고(생산수단을 상실한 인구의 집단적 출현) 노동력의 지속적 공급을 보장하는 현실적 조건이기도 합니다. 그래서 자본의 재생산에는 가난의 재생산이 필요합니다(다음 책에서 마르크스는 노동자의 가난이 자본가의 보물 광산이 되는 이유를 더 자세히 말할 겁니다).

요컨대 노동자의 개인적 소비는 노동력을 재생산하면서 가난을 재생산합니다. 노동자들은 소비를 통해 가난해지고 다시 맨 몸뚱이로 자본가 앞에 설 수밖에 없습니다. 노동자라는 이 "자기의식을 가진 생산도구"는 도무지 떠날 수가 없습니다.[김, 782; 강, 786] 공장 문을 나서고도 그리 멀리 가지 못합니다. 임금이란 말뚝에 매어놓은 줄과 같습니다. 일하는 짐승에게 여기저기 풀을 뜯을 수 있는 여유를 주지요. 하지만 줄을 반경으로 하는 원 안의 풀을 다 뜯고 나면 별수 없이 또 일하러 가야 합니다. 그래야 주인이 풀 있는 곳으로 말뚝을 옮겨줄 테니까요.

물론 법적으로 노동자는 생산영역 바깥에서 자본가와 대

등합니다. 그의 목에는 줄이 없습니다. 그는 노동력을 팔지 않아도 됩니다. 누구도 그것을 강요할 수 없습니다. 오직 자유의사를 통해서만 노동력을 판매합니다. 그는 모든 판매자가 그렇듯 구매자를 선택할 수 있습니다. 하지만 자본의 사회적 재생산이라는 관점에서 보면, 즉 개별 노동자와 개별 자본가가 아니라 노동자계급과 자본가계급이라는 관점에서 보면 그렇지 않습니다. 어느 개별 자본가에게 노동력을 팔지 않을 수는 있습니다. 그러나 자본가계급에게 노동력을 팔지 않을 수는 없습니다. 생산과정을 떠나면 개별 자본가의 통제에서는 벗어날 수 있을지 모릅니다. 하지만 생산과정을 떠나도 자본가계급의 통제를 벗어날 수는 없습니다. 재생산의 관점에서 보면 노동력의 자유로운 판매자라는 말이 얼마나 허상인지를 알 수 있습니다.

그래서 마르크스는 이렇게 말합니다. "로마의 노예는 쇠사슬로 자기 소유주에게 묶여 있었으나 임금노동자는 보이지 않는 끈에 의해 그 소유주에게 묶여 있다. 임금노동자의 자립성의 가상은 개인적인 고용주의 지속적 교체와 계약이라는 법적 허구(fictio juris)를 통해 유지되고 있다."[김, 782; 강, 786~787]

○ 최선의 세팅―노동자계급은 자본의 부속물
자본의 사회적 재생산이라는 관점에서 보면 자본가가 노동자를 가축처럼 소유하고 있다는 것이 드러납니다. 다만 고삐가 보이지 않을 뿐이지요. 마르크스의 말마따나 "사회적 관점에서 보면, 노동자계급은 직접적 노동과정 외부에 있을 때도 죽은 노동도구들처럼 자본의 부속물(Zubehör)"입니다.[김, 781; 강, 786] 이 점에서는 공장 안에 있는 기계나 공장 안팎을 오가는 노동자나 차이가 없습니다.

자본가들이 노동자를 어떻게 보는지는 노동자의 해외이주를 규제하는 법률에서 드러납니다. 사실 자유로운 이동은 근대 시민의 기본 권리입니다. 노동자는 어디든 자유롭게 갈 수 있습니다. 자본가들은 이 권리를 옹호하며 농촌에서 노동력을 뽑아냈습니다. 그런데 자본주의적 생산양식이 확고하게 자리를 잡자 자본가들은 노동자들이 자신들의 손아귀를 벗어나지 못하도록 이동을 규제했습니다. 마르크스에 따르면 1815년까지 영국에서는 기계노동자의 해외이주 시도를 중형으로 다스렸습니다. 평소에는 보이지 않던 끈이 이런 때 모습을 드러내지요. 필요한 경우 자본은 "자유로운 노동자에 대한 자신의 소유권을 발동"합니다.[김, 782; 강, 787] 이상한 말입니다만, 노동자는 자유로운데 마음대로 나갈 수는 없습니다. 그럴 때 자본가는 자기 가축이 남의 땅으로 넘어간 것처럼 화를 내고는 울타리를 더욱 높입니다.

'노동일'에 관한 장에서 나는 마르크스가 몽타주 기법을 썼다고 했습니다. 자본가와 노동자의 목소리를 교차 편집함으로써 긴장감을 높이고 있다고요. 첫 절부터 두 계급의 목소리를 대면시켰습니다. 특히 노동자계급의 목소리는 직접 인용하는 형식을 취했는데요. 당시 파업 중이던 런던 건축노동자들의 성명서를 오려 붙인 것이었습니다(『공포의 집』, 31~36쪽). 그런데 이번 장에서는 자본가계급의 목소리를 비슷한 방식으로 인용하고 있습니다. 맨체스터 상공회의소 회장을 지낸 에드먼드 포터가 1863년 『타임스』에 기고한 편지를 가져왔지요.

당시 영국 하원의원이었던 윌리엄 페런드(William Ferrand)는 이 편지를 '공장주들의 선언'(das Manifest der Fabrikanten)이라고 불렀는데요. 마르크스는 참으로 적절한 명명이라고 했습니다. 마르크스는 자신과 엥겔스가 함께 쓴 『공산주의자 선언』을 떠올린 것 같습니다. 『공산주의자 선언』에서 이들은 "공산주의자들은 자신의 생각과 의도를 감추는 일을 부끄러워한다"라고 썼는데요.[22] '공장주들의 선언'도 『공산주의자 선언』 못지않게 노동자계급에 대한 자본가계급의 견해를 공공연하게 선포하고 있습니다. 마르크스의 표현을 쓰자면 "노동력에 대한 자본가의 소유권을 노골적으로 표명"하고 있지요.[김, 783; 강, 787]

물론 혁명가의 공공연함(Öffentlichkeit)과 권력자의 공공연함은 성격이 전혀 다릅니다. 혁명가의 공공연함은 탄압의 위험을 무릅쓰고 자신의 생각을 감춤 없이 공적인 장에 꺼내놓는 것입니다. 멀리는 고대 견유주의자들부터 가깝게는 칸트까지 비판철학의 전통에는 이런 공공연함에 대한 지향이 있습니다. 그러나 권력자의 공공연함은 이와 다릅니다. 그것은 힘의 과시이자 경고이고 위협입니다. 공적인 장, 비판의 장을 위축시키고 어떤 경우에는 계엄 상황처럼 공론장을 아예 닫아버립니다. 계엄 상황은 권력자 내지 주권자가 가장 노골적으로 자신을 드러내는 순간이지요.

그렇다고 포터의 편지가 계엄 포고문이라는 이야기는 아닙니다. 형식상으로는 공론장에서의 의견 표명이라 할 수 있습니다. 문장도 전반적으로는 호소의 성격을 갖고 있습니다. 그러나 편지의 문장을 살피다 보면 위기의 순간에 자신을 노골적으로 드러내는 주권자를 느낄 수 있습니다. 주권자란 불합리한 조치를 합법적으로 취할 수 있을 때 잘 드러나지요.

'불합리'라고 했지만 사실 마르크스가 이 편지에서 느낀 것은 '파렴치'입니다. 당시 상황을 좀 이해할 필요가 있는데요. 미국에서 남북전쟁이 거세게 벌어질 때입니다. 미국에서 면화를 공급받던 영국의 면방직업은 그야말로 면화 기근에 빠져들었지요. 면화 값이 천정부지로 치솟았습니다. 포터의 글이 『타임스』에 실린 때가 1862년인데요. 엥겔스의 증언에 따르면 1862년에 면화는 원가가 무려 다섯 배나 뛰어올랐습니다. 아버지 회사를 운영하던 엥겔스가 '무일푼'이 되었다고 말한 그때입니다(『생명을 짜 넣는 노동』, 164쪽). 많은 면방직공들이 해고되어 길거리로 쏟아져 나왔습니다. 당장 굶어 죽게 생긴 사람들이지요. 마르크스에 따르면 당시 이들 '과잉인구'(Überflüssigen)를 살리기 위해 해외이주를 돕자는 목소리가 나왔다고 합니다. 노동자계급 내부만이 아니라 여러 사회

계층에서 "국가의 지원과 국민의 자발적 기부를 촉구하는 목소리"가 나왔다는 거죠.[김, 782~783; 강, 787]

포터는 바로 이런 움직임을 저지하기 위해 글을 기고한 것입니다. 그는 해외이주가 국내의 노동력 공급을 줄인다며 이렇게 말했습니다. "주인(고용주, Meister)은 자신의 노동보급물자(Arbeitszufuhr)가 멀어지는 것을 기꺼이 보고 있을 수만은 없다."[김, 783; 강, 788] 내용보다 표현이 더 많은 말을 해주는 경우가 있습니다. 바로 이 경우가 그렇습니다. 이 문장은 논리 이전에 시각을 드러냅니다. 어떻게 '주인'으로서 가만히 있을 수 있는가. 이것은 이유가 아니라 선언입니다. 해외이주를 반대하는 이유가 아니라 해외이주를 허락할 수 없다는 선언, 즉 자본가가 노동자의 주인임을 확인하는 선언이지요. 그는 노동자를 자본가의 가축 아니면 최소한 머슴이라고 주장하는 겁니다.

계속해서 포터는 영국의 면방직업이 얼마나 영국 경제에 크게 기여했는지, 전도가 얼마나 유망한 산업인지를 역설합니다. 그러고는 '주인'이라는 표현이 걸렸는지 "물론 나는 노동자가 소유물이 아니라는 것을 인정한다"라고 덧붙였습니다. 그러나 이 단어를 사실상 같은 뜻의 다른 말로 이미 바꿔버린 후였지요. 그는 노동자를 가리켜 "이 기계는 정비해둘 만한 가치가 있는 게 아닌지" 묻고 싶다고 했습니다. '이 기계'는 1년이면 교체하는 '다른 기계들'과 달리 한 세대 안에는 대체될 수 없는 '정신적(지적)이고 훈련된 힘'이라고 했지요. 잘 간수하고 유지해야 한다는 뜻입니다. 쉽게 떠나가게 두어서는 안 된다는 거죠.

포터의 문장은 아주 혼란스럽습니다. 그는 노동자를 '소유물'이라고는 생각하지 않는다면서도 '기계'라고 부르고 있습니다. 그런데 따지고 보면 '기계'는 자본가의 소유물이지요. 주인이라고 했다가 소유한 것은 아니라고 했다가 기계로서 정비해둘 필요가 있다고 했다가…. 너무 노골적인 표현을 피하느라 문장을 꼬아놓았습니다만 메시지가 복잡한 건 아닙니다. 마르크스가 간명하게 정리했지요. 기계는 두 종류가 있는데(물론 둘 모두 자본가의 것이다), 하나는 공장 안에 있고 다른 하나는 일요일과 야간에는 공장 바깥에 있다, 하나는 죽은 것이고 다른 하나는 살아 있다, 죽은 기계는 시간이 흐를수록 가치를 잃어가며 기술진보가 일어나면 새것으로 교체해야만 한다, 반면 살아 있는 기계는 시간이 흐를수록, 세대를 거듭할수록 좋아진다.[김, 784; 강, 790]

앞서 포터(그는 자본가계급의 대표자입니다)를 파렴치하다고 했는데요. 그는 노동자들이 이민의 희망을 품는 것은 당연하다면서도 이렇게 말합니다. 노동자들이 떠나감으로써 "면방직업이 축소되도록 압박한다면 노동자 바로 위 계급인 소상인은 어떻게 되겠는가. 지대는 어떻게 되고 집세는 어떻게 되겠는가. 소규모 차지농업가 그리고 그보다 조금 생활이 나은 주택소유자(주택임대업자)와 지주는 어떻게 되겠는가?"[김, 784~785; 강, 789] 정말로 최악의 언사가 아닐 수 없습니다. 강자에게 손해가 발생하지 않도록 약자에게 좀 더 희생하라는 말인데요. 그는 길거리에 나앉아 죽게 생긴 사람들의 탈출을 이기적 행동인 것처럼 묘사하고 있습니다. 포터는 이들의 이민 계획을 "국력을 약화하는", 그래서 "모든 계급에 치명적일 수 있는 계획"이라고 비난합니다.[김, 785; 강, 789]

그렇다면 포터의 대안은 무엇이었을까요. 늘 그렇듯 돈을 빌려주는 겁니다. "2~3년에 걸쳐 500만~600만 파운드스털링을 대부"해주자는 거죠. 빚을 내게 해줄 테니까 그걸로 빵집 주인한테 빵도 사고, 집주인한테 월세도 내라는 거죠. 채무를 떠안겨 노동자에게 더 두꺼운 목줄을 채우는 겁니다. 그런데 이게 전부가 아닙니다. 돈을 그냥 빌려주면 도덕적 해이가 발생할 수 있다며, 빈민들의 "도덕적 수준을 유지하기 위해 일정한 강제노동을 부과하는 특별법을 제정"하자고 했습니다.[김, 785; 강, 789]

포터의 제안에 대해 해당 기고문을 실었던 『타임스』가 당장 반박 논설을 냈습니다. "포터 씨는 면방직업 공장주들의 예외적이고 절대적인 중요성에 감화된 나머지 이 계급을 유지하고 이들의 직업을 영구화하기 위해 50만 명의 노동자계급을 그들의 의사에 반하여 하나의 거대한 도덕적 구빈원에 가두려고 한다." 『타임스』는 '인간기계들'을 잘 정비해두고 있으면 언젠가 쓸 일이 있을 거라는 면방직업 공장주들의 막연한 기대에 입각해 노동자들을 가두는 것에 분노를 표했습니다. 그러고는 "'노동력'을 석탄이나 철 또는 면화처럼 취급하려는 사람들로부터 구해내기 위해 이 섬나라의 위대한 여론이 무엇인가 해야 할 때가 왔다"라고 열변을 토했습니다.

그러나 마르크스는 이 논설에 쓴웃음을 지었습니다. 인도주의적이고 아름다우며 재치 있는 문장들이 가득하지만 실상은 '정신의 유희'(jeu d'esprit)에 지나지 않는다고요.[김, 787; 강, 791] 현실을 모르는 소리이거나 알면서도 모르는 척 도덕적 위선을 떤다는 거죠. 영국의 소위 '위대한 여론'은 노동자들의 해외이주가 영국 경제에 타격을 줄 것이라는 포터의 의견에 공감했으니까요. 결국 노동자들의 이주는 저지되었습니다. 마르크스에 따르면 의회는 이민을 지원하는 예산은 한 푼도 책정하지 않았고, 노동자들을 "생사의 갈림길에 방치"하거나 "정상적인 임금을 지불하지 않고도 노동자들을 착취할 수 있는 권한을 시당국에 부여하는 법률을 가결"했습니다. 생존의 위험에 처한 노동자를 방치하는 대신 손실의 위험에 처한 자본가를 구원하기로 한 것이죠.[김, 787, 각주 17; 강, 791, 각주 16]

어떻게 이런 일이 있을 수 있을까. 『타임스』는 논설을 통해 포터가 노동자계급을 '거대한 도덕적 구빈원'에 가두려 한다고 비난했지만, 실상은 자본주의사회 자체가 거대한 구빈원이었던 거죠. '구빈원'의 본래 말은 'Workhouse' 즉 '노동의 집'(노동수용소)입니다. 마르크스가 19세기 공장의 원형이라고 불렀던 곳이지요(『공포의 집』, 135~140쪽). 그런데 구빈원은 개별 공장의 원형이 아니라 자본주의사회 전체의 원형이라고

하는 편이 옳지 않을까 싶습니다. 현실을 몰랐던 쪽은 포터가 아니라 『타임스』입니다. 포터는 편지 기고를 통해 노동자계급에 대한 자본가계급의 주권을 확인했고 영국의 '위대한 여론'은 이것을 추인했지요.

앞서 노동자계급을 가축에 비유했는데요. 마르크스는 영국의 의회가 굶어 죽어가는 노동자의 이주를 위해서는 단 한 푼도 지출할 수 없게 했지만, 3년 후 가축(소) 전염병이 퍼졌을 때는 백만장자들인 지주를 위해 수백만 파운드스털링을 지원하도록 했다는 사실을 주석에 밝혀두었습니다.[김, 787, 각주 17; 강, 791, 각주 16] 백만장자의 손실을 막기 위해 수백만 파운드스털링을 지출하는 이유와 무일푼의 노동자 이주에는 한 푼도 지출하지 않는 이유는 같습니다. 자본주의사회란 자본이 주권자인 사회이고 자본의 축적을 위해 최선의 방식으로 세팅된 사회이니까요. 노동자는 이 세팅의 한 요소, 한 부속물인 것이지요.

　　　　ㅇ 자본의 재생산은 자본관계의 재생산
재생산이라는 관점에서 보면 자본주의적 생산과정은 정말로 효과적입니다. 자본주의적 생산과정은 "스스로의 진행을 통해" 재생산을 돕습니다. 자본주의적 생산과정은 노동력과 노동조건의 분리에서 시작되지만 또한 그 진행과 더불어 이 분리를 심화합니다. 노동자가 생산한 것이 노동자를 착취하는 수단이 됩니다. 자본주의적 생산과정은 "노동자에게는 살기 위해 계속해서 노동력을 팔 것을 강요하고, 자본가에게는 부유해지기 위해 노동력을 계속해서 구매할 수 있도록 만들어" 줍니다.[김, 787; 강, 792]

　이제야『자본』제2편 끝에서 보았던 자본가와 노동자의 만남이 무엇이었는지를 알 수 있습니다. 두 사람의 소유자가 화폐와 상품을 바꾸었습니다. 자유롭고 평등하며 서로에게 이익이 되는 거래. 누구도 강요하지 않았고 자발적으로 그 자리에 섰습니다. 두 사람은 신분상으로 동등하며 두 사람이 교환한 화폐와 노동력은 등가물입니다. 서로가 필요했기 때문에, 서로가 이익이라고 생각했기 때문에 교환했을 겁니다. 그야말로 "천부인권의 낙원"이고 "정의가 강물처럼 흐르는 세상"입니다. 그런데 우리는 이 모든 것이 가상이고 환각이라는 걸 이제 압니다. 겉보기에만 그렇습니다. 겉보기에만 자유롭고, 겉보기에만 평등하며, 겉보기에만 상호 이익입니다. '사회적 재생산'이라는 관점에서 보면, 자본가와 노동자가 만나는 유통영역은 이미 생산영역과 통일성을 이루고 있고, 자본가는 노동력에 대한 지불자가 아니며, 더 나아가 자본 자체가 지불 없이 취한 노동, 즉 등가교환 없이 취한 노동입니다.

　또한 우리는 자본가와 노동자의 만남이 우연이 아니었음을 깨닫습니다. 표면적으로는 임금을 받고 노동을 했으면 둘의 관계는 끝입니다. 더 이상 볼 일이 없습니다. 또 노동력 거래를 원한다면 새로운 계약을 맺어야 합니다. 둘은 다시 대등하고 독립된 주체가 되는 거죠. 마르크스의 말처럼 설령 "동일한 판매자와 구매자가 다시 만난다고 해도 그것은 우연일 뿐"이죠.[김, 800; 강, 804] 그러나 이제 우리는 이 '우연'이 겉보기에만 그렇다는 것을 압니다. 둘의 만남은 우연이 아닙니다.[김, 788; 강, 792] 개별 노동자와 개별 자본가만 볼 때는 그렇게 보일 수 있지만, 노동자계급과 자본가계급을 생각하는 순간 우리는 자본가에게 노동력을 판매하는 일이 노동자로서는 벗어나기 어려운 운명이라는 것을 알 수 있습니다. 그리고 이 운명은 노동자 한 사람의 운명이 아니라 노동자계급의 운명이고, 한 세대 노동자가 아니라 전 세대 노동자에 걸쳐 있는 운명이라는 것을 알 수 있습니다.

마르크스는 자본의 확대재생산 즉 자본의 축적을 이야기하면서, 이것은 "아브라함이 이삭을 낳고 이삭은 야곱을 낳고…" 하는 식의 이야기라고 했습니다.[김, 793; 강, 797] 그러나 이것은 노동자의 재생산에도 해당하는 이야기입니다. 노동자 아브라함은 노동자 이삭을 낳고, 노동자 이삭은 노동자 야곱을 낳습니다. 오늘 노동자는 어제 노동자입니다. 그가 노동력을 팔기 위해 오늘 시장에 나올 수밖에 없었던 것은 어제 그가 공장에서 생산했기 때문입니다. 오늘 노동자는 어제 노동자의 자식입니다. 부모 노동자는 자식 노동자의 근육과 뼈와 두뇌, 즉 노동력을 생산했을 뿐 아니라 자식 노동자의 가난, 즉 노동력을 팔아야만 살 수 있는 존재로서 노동자를 생산합니다. 어떻게 이런 일이 가능한가. "노동자는 자신을 자본가에게 판매하기 전부터 이미 자본에 귀속되어 있었"으니까요.[김, 788; 강, 792] 참고로 마르크스는 이 귀속이 얼마나 철저한지를(또 얼마나 꼴사나운지를) 상징적으로 보여주기 위해 노동자의 '똥'까지 자본가의 재산으로 간주된 사례를 주석으로 달아두었습니다.[김, 788, 각주 19; 강, 792, 각주 18]

이로써 자본주의적 생산양식에 관한 중요한 결론 하나가 도출되었습니다. "[전체적] 연관 속에서, 즉 재생산과정으로서 고찰하면 자본주의적 생산과정은 상품이나 잉여가치만을 생산하는 것이 아니라 자본관계(Kapitalverhältnis) 자체를, 즉 한편에는 자본가를 그리고 다른 한편에는 임금노동자를 생산하고 재생산한다."[김, 788~789; 강, 793] 다시 강조해두고 싶습니다. 자본주의에서는 상품과 잉여가치만 생산되는 게 아닙니다. 자본주의는 계급관계도 생산합니다. 자본의 재생산이란 자본관계의 재생산입니다.

4

자본가는 축적을
어떻게 정당화하는가

투자를 스스로에 대한 착취라고 부르는
자본가를 어떻게 이해해야 할까요.
아니, 그 이전에 자본가는 왜 스스로를
그렇게 착취한 걸까요.
재산을 탕진하고 싶은 욕망을 참으면서,
자본을 축적하는 이 고행자를 어떻게 해야 할까요.
자본가가 왜 이런 희생을 치르는지,
왜 이런 고행을 감내하는지는 모르겠습니다.
하지만 이들에게 어떻게 해주어야 하는지는
알 수 있지요. 아무리 인류 전체를 위한 희생이라 해도
이러면 안 됩니다. 자본가를 그 고난에서
해방해주어야 마땅하지요.

프란시스코 고야, 〈수프를 먹는 두 늙은이〉, 1820~1823.
소위 '절제설'은 부르주아 속류 경제학자들이 급조해낸 계급투쟁의 무기였다.
'노동자의 노동'이 아니라 '자본가의 절제'가 자본축적을 가능케 했다는 것이다.
자본축적은 노동자를 착취한 게 아니라 자본이 자신을 착취한
결과라는 말이다. 이런 식으로, 돈을 벌기 위한 투자를 절제라고 부른다면
우리는 식사를 단식에 대한 절제라고 부를 수 있고
보행을 정지의 절제라고도 부를 수 있다.

단순히 자본이 재생산된다는 사실만 전제하고도 마르크스는 참 많은 것을 읽어냈습니다. 그런데 『자본』 제7편의 제목을 다시 볼까요. 제7편은 '자본의 축적과정'을 다룹니다. 자본의 축적이란 자본의 증식이 반복되었을 때 일어나는 일입니다. 자본 재생산의 결과지요. 앞서 가정한 단순재생산으로는 축적이 되지 않습니다. 단순재생산으로는 동일한 크기의 자본만 반복될 뿐이니까요. 단순재생산은 추상적으로 상정한 것이지 현실적 모델이 아닙니다. 물론 그 의의는 큽니다. 단순재생산을 상정함으로써 우리는 자본생산을 둘러싼 여러 가상을 제거할 수 있었습니다. 또 단순재생산은 자본주의의 유지 및 재생산을 위한 기준을 보여주기도 합니다.

그러나 어떻든 단순재생산은 자본주의적 생산의 일반적 모델은 아닙니다. 어떤 국면에서, 이를테면 대공황으로 인해 자본의 축적은커녕 자본의 파괴가 일어나기도 하지만 일반적으로 자본은 성장하고 축적됩니다. 자본이 계속해서 동일 규모로만 재생산된다는 것은 앞서 마르크스도 인정한 것처럼 '기이한' 가정이지요. 자본주의적 생산양식에 부합하는 일반적 모델은 생산된 잉여가치가 투자한 자본과 결합하여 더 큰 규모의 자본이 되는 것입니다. 즉 단순재생산이 아니라 확대재생산이지요.

◦ 잉여가치는 어떻게 자본이 되는가
제22장의 첫 절에서 마르크스가 다루는 것은 '잉여가치의 자

본으로의 변신'입니다. 지금까지 우리는 자본은 잉여가치를 생산하고 이 잉여가치가 자본이 된다고 말해왔습니다. 자본에 대한 정식($G-W-G'$, $G'=G+\Delta G$)이 보여주는 바가 그렇습니다. 그래서 자본의 생산과정이란 자본에서 잉여가치가 생산되는 과정이라고 이해했지요. 그러나 자본의 확대재생산 즉 자본축적은 잉여가치가 자본이 되었을 때 비로소 완성됩니다. "자본에서 잉여가치가 어떻게 생겨나는지"를 보이는 것만으로는 불충분하고, "잉여가치에서 자본이 어떻게 생겨나는지"까지 보여야 완전하다는 거죠.[김, 790; 강, 794]

잉여가치에서 자본은 어떻게 생겨나는가. 잉여가치는 어떻게 자본이 되는가. 마르크스는 여기서도 재생산의 관점에서, 그것도 개별 자본의 재생산이 아니라 사회적 총자본의 재생산이라는 관점에서 문제를 따져봅니다.

일단 우리가 아는 이야기에서 시작해보죠. 우리의 면방직업자 말입니다. 그가 처음에 1만 파운드스털링을 투자했다고 합시다. 8000파운드스털링은 생산수단(면화와 방추)에 썼고, 2000파운드스털링은 노동력을 구매하는 데 썼습니다. 잉여가치율이 100퍼센트라고 한다면, 잉여가치와 생산물의 가치는 어떻게 될까요. 이제는 계산이 어렵지 않을 겁니다. 잉여가치율(m/v)이 100퍼센트라면 잉여가치는 노동력의 가치와 같은 2000파운드스털링일 테고, 생산물의 가치($c+v+m$)는 1만 2000파운드스털링이겠지요. 그러니까 자본가는 1만 파운드스털링을 투자해 1만 2000파운드스털링만큼의 생산물을 얻습니다. 그는 이 생산물을 판매해 처음에 투자한 돈을 회수하고 여기에 더해 2000파운드스털링의 잉여가치(이윤)도 얻습니다. 단순재생산에서는 이 잉여가치를 자본가가 개인적으로 다 써버리고 처음의 1만 파운드스털링만 재투자한다고 상정했지요. 그런데 자본가가 잉여가치 2000파운드스털링을 다시 투자한다면 어떻게 될까요. 이 돈도 처음 1만 파운드스털링처럼 똑같이 자본으로서 운동할 겁니다. 다른 조건들이 동일하다면 400파운드스털링의 잉여가치를 낳을 겁니다. 물론 처음의 1만 파운드스털링도 한 번 더 2000파운드스털링의 잉여가치를 낳을 거고요.

그런데 잉여가치가 추가자본으로 변신하려면 추가분의 생산수단(면화와 방추)과 노동력이 필요합니다. 자본가가 시장에서 그것들을 구매할 수 있어야 하지요. 생산물을 팔아서 2000파운드스털링을 벌었다고 해도 이것을 다시 투자할 수 없다면 그 돈은 자본이 되지 못합니다. 자본가는 적어도 그 2000파운드스털링에 대해서는 자본가가 아니라 화폐축장자가 되는 거죠(『성부와 성자』, 61쪽). 그러므로 확대재생산을 위해서는 마치 그렇게 될 것을 미리 알고 있었다는 듯 시장에 추가분의 생산수단과 노동력이 나와 있어야 합니다.[김, 791; 강, 795]

실제로 우리의 면방직업자는 추가분의 생산수단을 구할 수가 있었습니다. 신기하게도 사회의 전년도 연간 생산물에는 그가 필요로 하는 추가분의 생산물이 들어 있거든요. 어떻게 이런 일이 가능할까요. 물론 항등식처럼 언제나 성립하는 건 아닙니다. 이따금 공급과 수요가 어긋날 수 있습니다. 그러면 문제가 생기고 그 갭의 규모가 클 경우 공황이 발발하지요. 그러나 자본주의적 생산이 계속 유지되고 재생산되고 있다면, 그래서 자본축적이 순조롭게 진행된다면 개별 자본가는 별 문제 없이 시장에서 추가분의 생산수단을 발견할 수 있습니다.

이것이 가능한 이유는 방직업자가 자신의 생산물을 시장에 내놓듯 면화 생산업자와 방추 제조업자도 자신들의 연간 생산물을 시장에 내놓기 때문입니다. 이들 개별 자본가의 연간 생산물 합계가 사회의 연간 총생산물이고, 이 연간 총생산물의 가치 총액이 '사회적 총자본'입니다. 확대재생산이 이루어진다는 것은 작년 연간 생산물 속에 올해 생산에 필요한 추가 생산물이 들어 있다는 뜻이지요. 방직업자만이 아니라 면화 생산업자와 방추 제조업자도 생산을 늘린 것이고, 그 비율이 잘 맞아야 합니다(앞서 단순재생산에서도 생산재 생산부문과 소비재 생산부문의 생산물들이 일정한 비율을 유지해야 한다는 이야기를 한 바 있습니다). 그래서 재생산을 위해서는 총생산물의 구성(Zusammensetzung)이 중요합니다. 각 생산부문에 필요한 만큼의 추가생산물이 생산되어 있어야 하니까요. 매매는 소유권을 이전시키는 행위이지 기왕에 생산된 생산물의 성질과 양을 바꾸지는 못합니다. 방직업자가 추가로 돈을 가져왔다고 해서 시장에 없던 면화가 생겨나거나 어떤 물건이 면화로

변하는 일은 없습니다.[김, 791~792; 강, 795~796]

잉여가치 즉 자본가가 추가로 들고 온 돈이 자본이 되려면 총생산물의 구성이 중요하다고 했는데요. 총생산물의 양이 늘어난 것만으로는 충분치 않습니다. 필요한 생산물이 필요한 만큼 늘어나야 하지요. 무엇보다 생산에 필요한 생산물, 생산적 소비를 위한 생산물이 늘어나야 합니다. 다만 개인적 소비라고 해도 노동자들의 개인적 소비는, 앞서 말한 것처럼 총자본의 재생산이라는 관점에서는 생산적 소비입니다(노동자의 재생산). 그러므로 잉여생산물이 생겼다고 모두 자본으로 바뀌는 것은 아니고, "노동과정에서 사용될 물건들인 생산수단과 장차 노동자의 생활유지에 사용될 물건들인 생활수단"만이 자본이 될 수 있습니다. 마르크스는 이를 "새로운 자본의 물적 성분들(sachlichen Bestandteile)"이라고 부릅니다.[김, 792; 강, 796] 자본을 예비하는 생산물들이라고 할 수 있지요.

연간 생산물 중 자본이 될 수 없는 부분, 자본축적에 보탬이 되지 않는 부분은 무엇일까요. 바로 자본가가 개인적으로 소비하는 물품들입니다. 앞서도 말했지만 노동자계급이 먹는 것은 총자본의 재생산에 생산적 역할을 하지만 자본가계급이 먹는 것은 그냥 먹어치우는 것입니다. 이런 생산물들은 자본가계급을 사회의 구성원으로서 재생산하는 데는 역할을 하지만, 다음번 자본생산에 사용될 생산물은 아닙니다.

물론 이것은 일반적으로 하는 이야기입니다. 특히 해외무역을 고려하지 않았을 때의 이야기지요. 만약 사치품을 수

출하고 그 돈으로 생산수단이나 소비수단을 구입한다면, 또 반대로 국내에서 생산한 생산수단이나 소비수단을 해외에서 생산된 사치품과 교환할 수 있다면 사정은 달라지겠지요. 이런 경우는 여기서 고려하지 않습니다. 마르크스는, 일단은 "연구의 대상을 순수한 형태로 파악하기 위해" 이런 요인들을 고려하지 않는다고 주석에서 밝히고 있습니다. 자본주의 세계를 마치 한 나라인 것처럼 다루고, 모든 생산수단과 생활수단이 자본주의적으로 생산되고 있다고 가정하고서 하는 이야기라는 것이지요.[김, 792, 각주 2; 강, 796, 각주 21a]

하나 더 고려해야 할 것은 '노동력'입니다. 새로운 자본을 예비하는 생산물들이 실제로 자본이 되려면 노동과 결합해야 합니다. 그러나 추가 생활수단이 생산되었다고 그 물건들이 곧바로 노동력이 되지는 않습니다. 기존 노동력의 재생산은 물론이고 추가노동력의 생산을 위한 별도의 노력이 필요합니다. 기존 노동자의 근육과 뼈, 두뇌를 재생산하고 새로운 노동자의 근육과 뼈, 두뇌를 길러내야 합니다.

그런데 개별 자본가들은 여기에 별 신경을 쓰지 않아도 된다고 했습니다. 앞서 살펴본 것처럼 "자본주의적 생산 메커니즘은 그것을 위해 이미 마음을 써"두었거든요.[김, 793; 강, 797] 자본주의적 생산 메커니즘은 상품생산 메커니즘이면서 동시에 노동자생산 메커니즘입니다. 임금만 지급하면 나머지는 알아서 돌아갑니다. 노동자는 스스로 자신에게 기름칠을 하고 자신의 아이들을 알아서 길러냅니다. 능력만 생산하는 게 아니라 가난도 생산하지요. 노동력을 팔지 않으면 안 되는 상황이 재생산되는 겁니다. 그래서 임금은 "이 계급의 유지만이 아니라 증식을 보장하는 데도 충분"합니다. 자본가는 매년 공급되는 추가 노동력을 생산수단과 결합하기만 하면 되지요.[김, 793; 강, 797]

이 추가 노동력을 구입할 돈은 어디서 나왔을까요. 기존 노동자는 자기 임금을 스스로 생산한다고 했습니다. 임금에 대한 지불자는 노동자 자신이라고요. 추가노동력의 경우에는 아직 생산에 들어가지 않았기 때문에 일단은 자본가가 지불하는 것처럼 보입니다. 그러나 사회적 차원에서 재생산을 고려하면, 즉 노동력의 거래를 전체 계급적 차원에서 바라보면 앞서 말한 것처럼 자본가가 지불자라는 가상이 사라지지요. 자본가가 추가노동력에 대해 지불하는 돈도 결국에는 기존 노동자의 불불노동에서 온 겁니다. 노동자계급의 작년 노동으로 올해의 추가노동을 구입한 것이니까요.[김, 795; 강, 799] 결국 노동자계급이 노동자계급에게 지불하는 셈입니다. 어제 대가 없이 취한 노동자의 피가 오늘 새로운 노동자의 피를 구입할 때 쓰이고, 아버지가 대가 없이 제공한 피가 아들의 피를 구입하는 데 쓰이는 겁니다.

여기까지 성공했을 때 잉여가치는 비로소 자본이 됩니다. 작년 연간 총생산물에 올해 새로운 자본을 얻는 데 필요한 추가 생산수단이 들어 있고 추가 노동력을 위한 추가 생활수단이 들어 있으며, 자본가가 기존 노동자가 생산한 잉여가치의 일부로 추가 노동력을 구입해 생산수단에 결합할 수 있을 때 잉여가치는 자본으로 변신하지요. 마르크스의 표현을 빌리자면 "이것이 바로 자본이 자본을 낳는다(erzeugen)는 말의 의미"입니다.[김, 795; 강, 799] 이것이 자본의 확대재생산이고 이 일을 반복적으로 성공할 때 자본축적이 이루어집니다.

　○ '타인의 노동력' 소유를 통한 잉여가치의 사유화
결국 잉여가치를 자본화하는 데 핵심은 추가노동력의 구입에 있습니다. 이전 해에 생산된 잉여가치(과거의 불불노동)를 가지고 현재의 노동에서 불불노동을 또 취할 수 있다면 자본의 확대재생산에 성공한 것이지요. 자본주의적 생산 메커니즘은 과거 타인의 불불노동을 소유한 자가 현재 타인의 불불노동을 획득하도록 돕습니다.

즉 확대재생산은 타인의 불불노동에 대한 소유에서 출발합니다. 처음 자본은 자본가(자본가의 선조)의 노동이 있었다고 주장할 수 있습니다. 그렇다면 우리의 방직업자가 처음에 들고 온 1만 파운드스털링에 대해서는 그의 말을 믿어주기로 합시다. 그런데 확대재생산은 그 1만 파운드스털링이 낳은 잉여가치 2000파운드스털링이 자본이 되면서 시작됩니다. 인간의 역사는 배꼽이 없는 아담이 아니라, 배꼽을 가진 카인부터 시작된다고 할 수 있지요. 게다가 앞서 말한 것처럼 자본의 확대재생산이 계속된다고 생각하면 처음 자본의 크기는 무시해도 될 정도로 작아집니다. 자본가가 소유한 자본 전체가 사

실상 타인에게서 취한 불불노동이라 해도 과언이 아닐 정도
가 되지요.

그런데 자본의 확대재생산이 타인의 노동, 그것도 대가
를 지불하지 않은 노동에서 시작된다는 것은 근대 초기에 사
유재산권을 정당화했던 이념과 상충하는 것처럼 보입니다.
근대 초기 부르주아 사상가들은 국가가 사유재산권을 함부로
침해해서는 안 된다는 점을 보이기 위해 국가상태 이전에 사
유재산권이 있었다고 주장했습니다. 사회계약 이전의 자연상
태에서 소유권을 정당화하려 했지요.

이를테면 존 로크가 그랬습니다. 그는 신이 인류에게 공
유물로 제공한 대지에서 어떻게 "공유자들 간의 명시적 협정
없이" 소유권이 생겨나는지를 보이려 했습니다.[23] 로크에 따
르면 모든 것이 공유물인 자연상태에서도 사람은 자신의 '인
신'(person)에 대해서는 전적인 소유권을 갖습니다. 자기 몸
은 자기 것입니다. 그리고 자기 몸을 움직이고 능력을 발휘해
획득한 것에 대해서도 소유권을 갖습니다. 로크는 자연이 제
공한 것에 "자신의 노동을 섞고 무언가 자신의 것을 보태면
그것은 그의 소유가 된"다고 했습니다. "샘에 흐르는 물은 모
두의 것이지만, 주전자에 있는 물은 그 물을 담은 사람의 것이
라는 사실을 누가 의심하겠는가?"[24] 사적 소유권, 사유재산
권의 출발점은 당사자의 노동이라는 이야기죠. 로크는 이 점
을 몇 번이고 확인했습니다. "태초에는 누구든 공유물이었던
것에 기꺼이 노동을 지출하면 어디에서나 노동이 그것에 소

유권을 부여하였다."[25]

　그런데 우리가 지금까지 살펴본 것처럼 자본주의에서 소유와 노동은 분리되어 있습니다. 소유자인 자본가는 노동하는 사람이 아닙니다. 그의 재산은 그의 노동의 산물이 아닙니다. 그것은 타인 노동의 산물일 뿐 아니라 불불노동 즉 타인 노동에 대해 대가를 지불하지 않고 취한 것입니다. 게다가 자본가는 이것을 또 다른 불불노동을 취하는 데 이용합니다. 자본의 생산이 반복됨에 따라 근대 사적 소유권을 정당화한 논리와 완전히 반대되는 현상이 펼쳐집니다. 마르크스의 말처럼 "사적 소유의 법칙은 자체의 내적이고 불가피한 변증법을 통해 직접적인 대립물로 전화"했습니다.[김, 795; 강, 800]

　근대 사적 소유권의 원칙에 입각해도 타인의 것을 내 것으로 만들 수 있습니다. 교환을 통하면 됩니다. 교환한 물건은 타인 노동의 산물이라도 내 것이 됩니다. 물론 이것이 정당하려면 자기 노동의 산물을 타인에게 제공해야 합니다. 타인의 것을 내 것으로 만들려면 내 것을 타인의 것으로 주어야 합니다. 상품의 경우 이 교환이 정당하려면 서로의 상품에 담긴 추상노동의 양까지 같아야 하죠. 등가교환이어야 합니다.

　그런데 자본가의 잉여가치 취득은 이와는 다릅니다. 외견상으로는 자본가도 교환을 통해 노동력을 얻었고 등가교환의 법칙도 준수했습니다. 그러나 이미 살펴보았듯 외견상으로만 그런 것입니다. 자본의 재생산이라는 관점에서, 그것도 자본가계급과 노동자계급 사이의 거래라는 관점에서 보면, 근대적 소유권의 기본 원칙인 소유자의 노동도, 타인 노동 산물과의 등가교환도 지켜지지 않습니다. 자본가가 노동력을 구매하면서 지불한 것은 자기 노동의 산물이 아닙니다. 그것은 노동자가 생산한 것입니다. 노동자에게 노동자가 생산한 것을 지불한 것이지요. 더욱이 자본가가 소유한 자본 전체가 대가를 지불하지 않은 타인(노동자)의 노동입니다.

이것은 근대 초기의 사적 소유의 법칙에 전혀 맞지 않는 것처럼 보입니다. 자본가는 잉여가치를 사유재산으로 만들었지만, 여기에는 그의 노동도 없고 등가교환(대가에 대한 지불)도 없으니까요. 자본축적이 진행되면서 더 분명해지는 것은 노동하지 않는 인간이 소유자가 되고, 노동하는 인간은 무소유자가 된다는 겁니다. 그런데 마르크스는 놀라운 주장을 폅니다. "자본주의적 취득(소유화) 방식이 본래의(처음의) 상품생산 법칙들과 상충하는 것처럼 보일지라도, 그것은 이 법칙의 위반에서 생겨난 것이 아니라 오히려 이 법칙의 적용에서 생겨난 것이다."[김, 796~797; 강, 800~801] 다시 말해 이것은 법칙으로부터의 일탈이 아니라 법칙의 귀결이라는 겁니다. [김, 796; 강, 800]

마르크스는 어떻게 생산물(상품)에 대한 소유법칙이 잉여가치에 대한 취득법칙이 될 수 있었는지를 차근차근 설명합니다.[김, 796~801; 강, 800~805] 원래 이 내용은 『자본』 제3독일어판까지는 없었던 것입니다. 마르크스가 프랑스어판에 썼던 것인데 엥겔스가 제4독일어판에 삽입했습니다. 우리 시리즈 4권(『성부와 성자』)과 5권(『생명을 짜 넣는 노동』)에서 본 내용을 소유권 문제로 간략히 재구성한 것이라 볼 수 있습니다. 자, 어떻게 자본가가 잉여가치를 자기 소유물로 만드는지, 어떻게 대가를 지불하지 않는 타인의 노동을 자기 재산으로 만들 수 있는지, 어떻게 근대의 소유법칙으로 정당화하는지 단계별로 살펴볼까요.

첫 단계는 자본가가 사유재산 가운데 일정액의 가치를 노동력과 교환하는 단계입니다. 자본가는 등가교환의 법칙을 지키며 노동력의 가치를 제대로 지불합니다. 자본가는 이 거래를 통해 노동력의 사용가치(노동)를 얻습니다. 일정 기간 노동력의 사용권을 갖는 것이지요. 다음 단계는 자본가가 이 노동력을 이용해 상품을 생산하는 단계입니다. 그는 "자신의 것인 생산수단을, 역시 자신의 것이 된 노동의 도움을 받아 새로운 생산물로 변화"시킵니다. 여기가 중요합니다. 생산의 주체가 노동자가 아니라 자본가라는 것이지요. 여러 번 말한 것처럼 효모와 양조업자의 관계와 같습니다. 실제로 발효 노동을 수행한 것은 효모지만, 현실에서는 양조업자가 효모를 이용해 포도주를 생산한 것으로 간주되지요. 자본가의 경우도 그렇습니다. 자본가는 자신이 구매한, 즉 자신이 소유권을 가진 노동력을 이용해서 상품을 생산합니다. 이 생산물은 노동자의 생산물이 아니고, 자본가와 노동자의 공동생산물도 아닙니다. 이것은 자본가가 자기 소유의 노동력을 이용해 생산한 것으로서, "법적으로(von Rechts) 자본가의 것"입니다.[김,

797; 강, 801] 자본가는 등가교환을 통해 노동력에 대한 소유권(노동력 사용권 소유)을 얻었고 자신이 소유한 것을 가지고 생산했으므로 근대의 소유법칙을 위반한 게 아닙니다. 생산물은 법적으로 완전한 자본가의 재산입니다.

그런데 우리가 잘 알고 있는 것처럼 생산물의 가치에는 생산수단의 가치, 노동력의 가치, 잉여가치가 포함되어 있습니다. 자본가가 생산물을 소유한다는 것은 생산물의 가치가 자본가의 것이라는 뜻입니다. 생산물의 가치 속에 들어 있는 잉여가치도 당연히 자본가의 것이 되지요. 노동력의 가치를 지불받은 노동자는 노동력을 재생할 것이므로 노동력의 소유자로서 다시 다른 구매자를 찾아 노동력을 판매할 수 있습니다. 한쪽(자본가)은 계속 자신을 소유자로 재생산하고, 다른 쪽(노동자)은 계속 자신을 노동하는 자로 재생산하지만, 이 과정에서 소유법칙을 어긴 것은 아무것도 없습니다.[김, 798; 강, 802]

단순재생산이든 확대재생산이든 달라질 것은 없습니다.[김, 799; 강, 803] 생산된 잉여가치를 자본가가 개인적으로 모두 소비하든 생산에 다시 투자하든 그것은 자본가의 재량입니다. 단순재생산의 경우에는 새로 얻은 재산을 그냥 다 써 버린 것이고, 확대재생산의 경우에는 새로운 재산을 새로운 자본으로 투자한 것뿐입니다. 자본의 재생산이란 이 합법적 과정, 즉 노동력의 구매(등가교환), 노동력을 이용한 생산, 이 생산물에 대한 합법적 소유를 반복하는 것입니다.

물론 이것은 자본주의적 생산법칙의 합법성을 인정하고서 하는 말입니다. 거듭 말하지만 우리는 이 교환을 자본의 사회적 재생산이라는 관점에서, 즉 두 계급 간의 거래로 보면 전혀 다른 진실이 드러난다는 것을 알고 있습니다. 등가교환이 단지 외관에 불과하다는 걸 봤지요. 그러나 노동력의 가치를 지불하고 그것의 사용을 통해 잉여가치를 얻는 것(이 잉여가치의 정체가 불불노동이라 해도)은 자본주의적 상품생산과 유통의 법칙을 어긴 것이 아닙니다. 모두 합법적이지요. 근대 사적 소유권 원리에 입각해서도 정당하고요. 만약 이것을 부인한다면 이는 자본주의적 상품생산과는 "완전히 다른(total fremd) 기준을 들이미는" 것과 같습니다[김, 800; 강, 804](다음 책에서 더 자세히 다루겠습니다만 계급 간의 거래로 보았을 때 우리에게 나타난 부당성은 합법성의 문제가 아니라 주권의 문제입니다).

　결국 자본가의 잉여가치 취득(잉여가치의 사유화)에서 결정적 기제는 '타인 노동력의 소유'라는 것을 알 수 있습니다. 내가 노동하지 않았지만, 타인의 노동력을 내 것으로 사용할 수 있다면, 그것은 내가 노동한 것과 마찬가지이며, 그 생산물은 내 것이라는 논리가 성립하는 것이지요. 근대의 사적 소유권의 원리를 어긴 게 아닙니다. 내가 소유한 것으로 생산한 것은 내 것이고, 내 것과 교환한 타인의 것은 내 것입니다. 근대의 사적 소유권을 정당화한 논리와 충돌한 것처럼 보였던 것은 타인의 생산물을 내 것으로 삼은 데 있습니다. 그런데 이 문제는 타인의 노동력을 내 것으로 만든 뒤 사용함으로써 해

결되었습니다.

요컨대 '노동력의 상품화'가 자본가의 잉여가치 취득을 정당화해준 핵심 기제인 겁니다. 노동력이 상품화되면 자본가는 상품소유권을 통해 잉여가치 취득권을 보장받습니다. 자본가의 잉여가치 취득은 상품 소유법칙을 위반하기는커녕 철저히 상품 소유법칙에 입각한 것입니다. 노동력이 상품이라면 이 상품을 구매한 자본가는 그 소유권을 보장받습니다. 그리고 자기 소유물이 된 상품을 이용한 생산물에 대한 소유권도 보장받지요.

그래서 마르크스는 말합니다. "노동력이 노동자 자신에 의해 상품으로 자유롭게 판매되기 시작하면 이런 결과는 불가피하다."[김, 801; 강, 804] 일단 임금노동이 상품생산의 기초가 되면, 상품생산은 자본주의적 생산으로 발전하고, 그에 따라 "상품생산의 소유법칙은 자본주의적 취득법칙으로 변"합니다.[김, 801; 강, 805] 노동력이라는 상품의 출현이 이렇게 중요한 겁니다. 자본을 처음 정식화했을 때 마르크스가 한 말을 새삼 떠올리지 않을 수 없네요. 노동력이 상품으로 출현하지 않았다면 자본주의는 출현할 수 없었다는 것 말입니다(『성부와 성자』, 124~128쪽).

∘ 자본축적에 대한 부르주아 경제학의 틀린 생각

'잉여가치의 자본화' 즉 축적을 설명했으니 축적 규모에 영향을 미치는 요인들에 대한 검토로 나아가는 것이 자연스러운 순서일 텐데요. 마르크스는 그 전에 부르주아 경제학, 특히 고전파 경제학의 오류를 지적하는 데 많은 지면을 할애하고 있습니다. 이 오류를 지적하는 것이 왜 그렇게 중요한가. 임금을 다룰 때와 비슷합니다. 마르크스는 고전파 경제학자들이 임금을 '노동의 가격'이라고 부른 오류를 지적했습니다. 그런데 단지 엉터리라고 비난만 하고 넘어가지 않았습니다. 이 엉터리 말이 현실에서 어떤 해악을 끼치는지 길게 이야기했지요(『임금에 관한 온갖 헛소리』, 151~161쪽). 여기서도 마찬가지입니다. 마르크스는 자본축적에 대한 고전파 경제학자들의 잘못된 견해가 현실에서 어떤 해악을 끼치는지 보여줍니다.

먼저, 부르주아 경제학자들이 자본축적에 대해 어떤 생각을 가졌는지부터 살펴보겠습니다. 앞에서 마르크스는, 자본축적을 위해서는 자본가가 잉여가치를 모두 소비하면 안된다고 했습니다. 단순재생산의 경우에는 잉여가치를 모두 소비하는 것으로 가정했지만 확대재생산의 경우에는 잉여가치의 전부 혹은 일부가 재투자된다고 가정했지요. 이 점에서 부르주아 경제학자들의 일차적 비난 대상은 '낭비가'입니다. 잉여가치를 '자본'으로 바꾸지 않고 '소득'으로 탕진하는 사람들이지요.[김, 803; 강, 806]

'자본'과 '소득'이라는 말에 따옴표를 친 것은 여기서는 둘이 상반된 의미로 쓰였기 때문입니다. 마르크스는 어떤 때는 자본가가 얻은 잉여가치 전체를 '소득'(수입, Revenue)이라 부르고, 어떤 때는 잉여가치 중 자본가가 개인적으로 소비해버리는 부분만을 그렇게 부릅니다. 지금은 후자입니다(마르크스는 주석에서 영국과 프랑스 경제학자들의 용법이 그렇기 때문에 이런 이중적 사용이 불가피하다고 밝히고 있습니다[김, 807, 각주 21; 강, 810, 각주 33]). 스미스가 '자본'과 '소득'을 이렇게 구분했었지요. 연간 생산물 중 '자본'과 교환되는 부분을 '생산적 노동', '소득'과 교환되는 부분을 '비생산적 노동'이라고 했습니다(『임금에 관한 온갖 헛소리』, 29~30쪽). "다수의 매뉴팩처 노동자를 고용하면 부자가 되지만 다수의 하인을 유지하면 가난해진다"(『임금에 관한 온갖 헛소리』, 29쪽). 이는 생산적 노동에 대한 이야기이기도 하지만 자본축적에 대한 이야기이기도 합니다. 사치품을 사거나 사람을 사적으로 부리는 건 모두 낭비이고 탕진입니다.

이것은 초기 부르주아지가 귀족을 바라보는 시각이기도 했습니다. 수입에 대한 고려 없이 지출하고 무엇보다 수입을 늘리기 위한 아무런 합리적 대책도 없는 인간 유형이라고 봤지요. 귀족은 경제관념이 없는 사람들이었습니다. 실제로 궁정의 귀족들은 '경제'(économie)라는 말을 좋아하지 않았습니다. 노르베르트 엘리아스(Norbert Elias)에 따르면 "18세기까지도 '경제'라는 표현은 '지출이 수입에 종속되며 절약을 위하여 소비를 계획적으로 제한한다'라는 뜻으로 이해되었으며, 종종 프랑스혁명 이후까지도 왠지 꺼림칙하게 느껴"졌습니다.[26] '경제'에는 '절약'의 의미가 담겨 있습니다. 그리고 '절약'은 소심함, 쫀쫀함, 궁상맞음 등과 멀리 있는 말이 아니지요. 식당에서 함께 먹은 음식 값을 내지 않기 위해 신발 끈을 묶고 있거나 돈을 아낀다며 맛있는 음식이 아니라 제일 싼 음식을 시키는 사람 같다고 할까요.

여담입니다만 귀족들의 지출이 부르주아들의 생각처럼 아무런 고려 없이 이루어지는 것은 아닙니다. 오히려 어떤 점에서는 귀족들이야말로 고려하는 게 많은 사람들입니다. 이들의 돈 쓰는 법을 배우려면 엄청난 노력과 시간, 자원이 필요합니다. 프랑스의 리슐리외 공작이 자식에게 돈 쓰는 법을 가르치는 장면이 인상적인데요. 그는 아들에게 돈주머니를 줍니다. 어떻게 쓰는지 보려고요. 아들이 돈을 쓰지 않고 가져오자 그는 아들이 보는 앞에서 돈주머니를 창밖으로 던져버렸습니다.[27] 돈을 아꼈다고 칭찬하지 않았습니다. 돈을 벌기 위해서는 돈을 써야 한다고 하지도 않았습니다. 리슐리외는 어떤 원칙을, 그러나 부르주아들과는 완전히 다른 원칙을 보여준 것이지요. 그는 돈은 대범하게 다루어야 한다는 것을 보여주었습니다.

'경제'라는 말을 넓은 의미로 쓴다면 귀족들은 부르주아들과 경제원칙이 달랐다고 할 수 있습니다. 그들은 지출의 기준을 수입에 두지 않았습니다. 써야 할 곳에 써야 할 만큼 썼느냐가 중요하지요. 그들은 수입이 지출의 기준이고 이익이 거래의 기준이 되는 것을 받아들일 수 없었습니다. 일을 시키면 웃돈을 얹어주어야 하고 식객이 오면 대가 없이 먹을 것을 내놓아야 합니다. 사회에서 어떤 지위를 갖고 있다면 거기에 걸맞게 써야 합니다. 그런 지위에 있으면서도 계산기를 두드려 잇속을 챙긴다면 그는 그 지위에 합당한 사람이 아닙니다. "서열에 걸맞게 등장할 수 없는 사람은 그 사회에서 존경을 잃"지요.[28] 지위를 가진 사람은 더 많이 쓰고 더 많이 베풀어야 합니다. 일종의 '낭비의 경제', '증여의 경제'라고 할 수 있지요. 사실 이런 유형의 경제는 마르셀 모스(Marcel Mauss)의 『증여론』에서 확인할 수 있는 것처럼 여러 사회에 다양한 형태로 존재했습니다.[29] 이런 경제원칙이 긍정적으로 기능하면 지위를 가진 자들이 기꺼이 힘든 책무를 떠맡는 사회가 됩니다만, 부정적으로 기능하면 신분 과시와 체면 유지로 부를 축내게 되지요.

다시, 하던 이야기로 돌아와야겠습니다. 마르크스는 『자본』 제1장에서 프로테스탄티즘이야말로 자본주의적 생산양식에 가장 잘 부합하는 신앙형태라고 했는데요. 초기 부르주아지의 신앙과 윤리는 옛 귀족의 낭비나 증여와는 완전히 다른 것입니다. 이들 부르주아지에게는 '저축하다'(save)가 곧 '구원하다'(save)였습니다(『성부와 성자』, 63~65쪽). 즉 현세적 부의 축적이 내세적 구원의 표시였습니다. 부르주아 경제학은 프로테스탄트 구원론의 다른 판본일 뿐입니다. 부르주아 경제학은 "자본의 축적을 시민(부르주아)의 첫 번째 의무로 선포"했습니다. 그리고 자본축적을 위해서는 "전체 수입을 다 먹어치우면" 안 된다고, "비용보다 더 많은 것을 가져다주는 생산적 노동자를 모으는 데" 쓰라고 외쳤습니다.

부르주아 경제학의 첫 번째 비난 대상이 낭비가였다면 다음 비난 대상은 수전노입니다. 수전노의 화폐축장은 자본가의 자본축적과 다릅니다. 부르주아 경제학은 이 점에서 축적에 대한 '통념'(Volksvorurteil)과 대결해야 했습니다.[김, 803; 강, 806] 수전노는 소비를 하지 않고 돈을 쌓아둡니다. 화폐를 유통시키지 않고 유통에서 빼내는 거죠. 이 경우 축장된 화폐는 자본이 될 수 없습니다. 그냥 쌓여 있는 돈더미에 불과하지요. 증식 운동을 하지 않으니까요. 부르주아 경제학, 특히 고전파 경제학은 잉여가치를 금고로 빼돌릴 것이 아니라 다시 투자해야 한다고 주장합니다. 무엇보다 생산적 노동자에 써야 합니다. 그래야 잉여가치가 또 생겨나고 축적이 이루어질 테니까요.

여기까지는 틀리지 않았습니다. 낭비가에 대한 비판도 틀리지 않았고 수전노에 대한 비판도 틀리지 않았지요. '돈을 벌기 위해 돈을 쓰는' 자본가는 낭비가와도 다르고 수전노와도 다릅니다(『성부와 성자』, 160~163쪽). 이 점에서 축적에 대한 고전파 경제학의 충고는 옳습니다. 하지만 마르크스는 고전파 경제학이 '여기까지'는 옳았지만 '여기서부터' 틀리기 시작했다고 말합니다.[김, 804; 강, 807] 고전파 경제학이 축적을 위해 잉여가치를 비생산적 노동자(하인)가 아니라 생산적 노동자(매뉴팩처 노동자)에 써야 한다고 한 것은 옳습니다. 그런데 고전파 경제학은 여기서 더 나아갔습니다. 스미스는 잉여가치를 생산적 노동자의 고용(추가노동력의 가치)과 동일시했습니다. "잉여가치의 자본화를 단순히 잉여가치를 노동력으로 바꾸는 것"으로 이해한 겁니다.[김, 804; 강, 807] 리카도도 그랬습니다. 그는 '자본가가 수입을 절약해서 자본을 추가로 늘릴 때' 그 추가로 늘어난 자본 부분을 소비하는 것은 '생산적 노동자'라고 했습니다.[김, 805; 강, 807~808]

자본축적은 잉여가치를 생산적 노동자에 투자함으로써 이루어지는 것이니, 잉여가치는 결국 생산적 노동자가 소비하는 것이라는 말인데요. 고전파 경제학, 특히 스미스는 자본가가 잉여가치 전부를 가변자본에 투자하는 것처럼 말했습니다. 너무 어이없는 말입니다. 노동력만으로는 상품을 만들 수 없습니다. 잉여가치가 자본화되려면 가변자본(노동력)만이 아니라 불변자본(생산수단)에도 투자해야 합니다. 우리의 방직업자도 잉여가치 2000파운드스털링을 자본화하면서 1600파운드스털링은 추가 생산수단에, 400파운드스털링은 추가 노동력 구매에 사용했지요. 생산적 노동자에게 지급된 것은 추가된 자본의 20퍼센트에 불과합니다.

스미스도 생산수단이 필요하다는 걸 모르지는 않았습니다. 그런데 그는 불변자본은 모두 가변자본으로 바꿀 수 있다고 보았습니다. 생산수단도 노동생산물이라는 점에서 노동자가 생산한 것이고, 그 노동자가 생산수단을 생산물로 생산하기 위해 사용한 생산수단도 그 이전 노동자가 생산한 것이라고. 마르크스는 스미스가 이런 식으로 독자들을 무한정 끌고 가더니 단 세 글자 'usw.'['이런 식으로 계속된다'(und so weiter)

를 줄인 말]를 내밀며 연구를 중단했다고 조롱했습니다.[김, 805; 강, 808] '이런 식으로 계속된다고 보면' 모든 추가자본(사실은 모든 자본이죠)은 생산적 노동자에게 지급된 것, 바꾸어 말하면 생산적 노동자가 소비한 것이라고요.

　　그러나 이것은 말이 안 됩니다. 매년 생산된 잉여가치로 구매하는 것은 그해의 생산물입니다. 연간 생산물의 가치에는 그것을 생산하는 데 들어간 생산수단과 노동력의 가치가 포함되어 있습니다. 다시 말해 자본가가 어떤 생산물을 구매하면 그 생산물을 생산한 생산수단과 노동력의 가치를 모두 지불한 것입니다. 매년 그렇게 지불이 끝나지요. 올해 노동력의 가치는 올해 가변자본으로, 작년 노동력의 가치는 작년 가변자본으로, 재작년 노동력의 가치는 재작년 가변자본으로 지불이 끝난 겁니다. 올해 자본가가 불변자본에 투자한 돈을 작년, 재작년 노동자가 연금 타듯이 또 임금으로 받는 게 아닙니다.

　　스미스는 상품들의 가치를 계속 따지고 들어가면 모든 가치는 노동으로 환원된다는 것, 모든 상품에는 과거의 노동이 대상화되어 있다는 것을 말한 데 지나지 않습니다. 노동가치설의 확인일 뿐이지요. 이것을 가지고 지금까지 생산된 잉여가치는 모두 노동자에게 투자된 것이고 노동자가 다 소비한 것이라고 말하면 아주 엉뚱한 이야기가 됩니다. 마치 이런 식의 대화와 같지요. 자본가가 '우리는 모든 잉여가치를 노동자들한테 지불하고 있어'라고 말합니다. 그러자 노동자가 '그럼 그동안 덩치가 저렇게 커진 당신의 자본은 뭐야?'라고 묻습니다. 자본가가 대답합니다. '응, 그건 앞으로 당신들한테 주려고 모아둔 거야.'

연간 총생산물의 관점에서 보면 자본의 재생산과정을 명료하게 이해할 수 있는데 개별 자본가의 잉여가치가 어디로 가는지만 추적하다 보니 돈의 흐름을 따라가는 것이 너무 복잡하고 번거로웠을 겁니다. 그래서 결국 '이런 식으로 계속된다고 보면'이라고 말할 수밖에 없었겠지요(마르크스는 이 점에서는 연간 총생산물을 놓고 재생산 조건을 간명하게 보여준 케네가 그 뒤에 나온 스미스보다 훨씬 낫다고 말합니다[김, 806; 강, 809]).

마르크스는 스미스의 이야기를 답습한 존 스튜어트 밀도 강하게 비판했습니다. 밀은 『논리학』이라는 책까지 쓴 사람인데 어떻게 이런 황당한 논리를 받아들였느냐는 거죠. 밀은 선생을 그대로 답습하는 것을 배움이라고 착각하는, 그래서 혼란까지 그대로 물려받은 제자의 전형입니다. 밀은 이렇게 말했습니다. "장기적으로 보면 자본 자체는 모두 임금이 되고, 그것이 생산물의 판매를 통해 회수된다고 하더라도 다시 임금이 되고 만다."[김, 805, 각주 19; 강, 808, 각주 31]

부르주아 경제학은 이런 이야기가 얼마나 엉터리인지 따져보지 않았습니다. 머리는 마음 가는 쪽으로 발달한다고 했지요(『성부와 성자』, 137쪽). 마음이 없으면 머리도 움직이지 않습니다. 부르주아 경제학은 이 이야기를 비판하기보다 퍼뜨리는 데 힘을 쏟았습니다. 스미스의 엉터리 명제를 "자본가계급의 이익을 위해 이용해먹는 데 소홀함이 없었"지요.[김, 806; 강, 809] 자본으로 전환되는 잉여가치를 노동자가 모두 소비했다는 주장은 자본의 운동을 마치 노동자를 위한 운동처럼 보이게 합니다. 거기에 따르면 자본의 축적은 노동자에게 사용될 부의 축적인 셈이니까요. 자본가는 그동안 노동자가 먹은 것을 지불한 사람이고 앞으로 먹을 것을 계속 키워가고 있는 사람입니다. 반대로 노동자는 자본을 계속 먹어치워왔고 앞으로도 계속 먹어치울 존재입니다.

아마도 이것이 마르크스의 발걸음을 멈추게 했을 겁니다. 그는 "축적 즉 잉여가치의 자본화에 대한 상세한 몇몇 규정을 살펴보기 전에, 고전파 경제학이 꾸며낸(ausgeheckte) 모호함을 제거해야만 한다"라고 했습니다.[김, 802; 강, 806] 황당한 논리를 교묘한 말로 치장해 사태를 모호하게 만들고 심지어는 착취자와 피착취자를 뒤바꿔놓는 부르주아 경제학자들의 주장을 그대로 넘기기가 어려웠을 겁니다. 착취자인 자본가는 부를 베푸는 성자가 되었고, 졸지에 피착취자인 노동자는 그 부를 소비해온 존재가 되었으니까요.

º 자본가 또한 자본축적 메커니즘의 톱니바퀴

갑자기 자본가가 헌신적인 성자처럼 되고 말았는데요. 자본축적을 노동자를 위한 자본가의 헌신이라고 말하면 황당한 이야기가 됩니다만, 자본축적을 위해서는 자본가의 일정한 헌신(?)이 필요한 게 사실입니다. 자본축적은 자본가가 잉여가치를 개인적으로 모두 소비하지 않는다는 걸 전제하니까요. 수입(잉여가치)의 일부를 추가로 투자해야 합니다. 물론 전혀 소비하지 않을 수는 없을 겁니다. 그러면 자본가의 생존 자체가 불가능할 테니까요. 중요한 것은 수입을 어떻게 분할하느냐인데요. 얼마만큼을 개인적으로 소비하고 얼마만큼을 자본으로 투자하느냐에 따라 축적 규모가 달라집니다. 아무튼 수입의 배분은 전적으로 그의 마음에 달려 있습니다. 그의 '의지행위'(Willensakt)라는 겁니다.[김, 807; 강, 810]

자본가들은 자신이 개인적으로 소비하지 않은 부분에 대해 '먹을 것 안 먹고 입을 것 안 입었다'라고, 그렇게 절약하고 저축했다고 말합니다. 재벌기업 창업주의 인생을 영웅담으로 만들 때 흔히 나오는 이야기지요. 그렇게 개인적 소비를 줄이고 힘들게 모아 투자액을 만들었다는 말입니다. 이때 그가 말하는 절약과 저축은 더 부자가 되기 위해 당장의 소비를 하지 않았다는 뜻입니다.[김, 807; 강, 810]

이런 '절약'은 앞서도 말했지만 수전노(화폐축장자)와는 다릅니다. 둘은 모두 '입을 것 안 입고 먹을 것 안 먹지만' 수전노와 달리 자본가는 그렇게 모은 돈을 씁니다. 자본으로 투자하지요. 그런데 마르크스는 여기서 둘을 새로운 측면에서 다시 대비하고 있습니다. 그는 "자본가는 인격화된 자본인 한에서만 하나의 역사적 가치와 자신이 사는 때의 역사적 실존의 권리(Existenzrecht)를 갖는다"라고 했습니다.[김, 807; 강, 810]

'인격화된 자본'이라는 표현 자체는 새롭지 않습니다. 『자본』의 초판 서문(1867)에서 마르크스는 이미 이 책에 등장하는 인물들은 '경제적 범주의 인격화'로서, 그런 한에서만 다룬다고 했습니다. 그리고 본문에서도 여러 차례 자본가를 인격화된 자본, 인간의 탈(가면, Charaktermaske)을 쓴 자본으로 불렀습니다. 그런데 이 장에서 자본가를 '인격화된 자본'이라고 부른 것은 단순한 기술상의 필요 때문이 아닙니다. 여기서는 자본가에 대한 현실적 규정으로서 그렇게 부른 겁니다. 자본가는 실제로 그렇게 움직이도록 압력을 받는다는 걸 말하려는 것이지요. 자본의 운동에 따라 움직이도록, 자본의 운동에 맞게 기능하도록 강요받는 존재라고 말입니다.

이것이 마르크스가 자본가와 수전노를 여기서 다시 구분하는 이유이기도 합니다. 수전노의 화폐에 대한 탐욕, 축장에 대한 열망은 '개인적 광기'(individuelle Manie)입니다. 그러나 자본가의 탐욕, 자본가의 열망은 '사회적 메커니즘(gesell-schaftlichen Mechanismus)의 작용'입니다.[김, 808; 강, 811] 자본가의 탐욕, 열망, 충동은 자본의 가치증식 운동이 인간적 형태로 표현된 것입니다. 즉 자본주의적 생산양식에 고유한 것이지요. 마치 상품과 화폐에 대한 물신주의와 비슷합니다. 이 물신주의가 가상이기는 하지만 그렇다고 개인적이고 주관적인 가상은 아니듯이(『마르크스의 특별한 눈』, 153쪽) 자본가의 충동도 그 개인의 문제가 아닙니다. 자본주의의 사회적 관계, 사회적 메커니즘의 결과지요.

마르크스는 자본가가 겉보기에는 독립적이고 자유로운 존재일지 몰라도 실상은 개인적으로 어찌하기 힘든 집합적 운명 안에 놓여 있음을 부각합니다. 이것이 바로 '사회적'이라는 말의 의미입니다. 마르크스에게 '사회적'이라는 것은 '개인적'이고 '의식적'인 것을 넘어서는 차원입니다. 한마디로 "저들은 자신이 행하는 것을 알지 못하나이다"의 차원이라고 할 수 있지요(『마르크스의 특별한 눈』, 162쪽과 『화폐라는 짐승』, 42쪽 참조).

마르크스가 자본가를 단순히 "인격화된 자본"이라고 말하지 않고, 그런 한에서만 "역사적 실존의 권리를 갖는다"라고 말한 것에 주목할 필요가 있습니다. 여기서 방점은 자본가의 '실존'에 있습니다. 자본가는 단순히 '인격화된 자본'이 아니라 그런 한에서만, 즉 인격화된 자본으로서 행동하는 한에서만 '실존의 권리'를 얻는다는 거죠. 이것은 생존의 문제입니다. 자본가로서 살아남고 싶다면 그는 최대한 '인격화된 자본'으로서 행동해야 합니다. 노동자로부터 잉여가치를 최대한 뽑아내야 하고 그 잉여가치를 최대한 재투자해야 합니다.

흥미로운 점은 개별 자본가들의 이런 노력 속에서 사회적 총자본의 축적 메커니즘이 작동한다는 사실입니다. 마르크스는 절대적 잉여가치의 생산(노동일의 연장)과 상대적 잉여가치의 생산(노동생산력 증대)과 관련해서도 똑같은 이야기를 한 바 있습니다(『공포의 집』, 126쪽 그리고 『거인으로 일하고 난쟁이로 지불받다』, 26~31쪽). 그때 썼던 문장을 이 장에서 다시 쓰고 있습니다. "경쟁은 자본주의적 생산양식의 내적 법칙들을 개별 자본가들에게 외적 강제법칙으로 강요한다."[김, 808; 강, 811] 외적인 경쟁의 압박이 내적인 법칙이 실현되는 방식이라는 말입니다. 자본주의 생산양식의 법칙들은 경쟁에서 살아남기 위해 가치증식에 최선을 다하는 개별 자본가들의 노력을 통해 관철됩니다. 더 많은 돈을 벌기 위한 개인적이고 의식적인 노력이 자본주의적 생산 메커니즘을 돌리는 집단적이고 무의식적인 동력이 되는 것이지요. 자본주의를 기계시스템으로 본다면 개별 자본가는 "하나의 톱니바퀴에 지나지 않"는 셈입니다.[김, 808; 강, 811]

기분전환을 위해서인지는 모르겠지만 마르크스는 조금 더 나아갑니다. 자본가들이 벌이는 '저들은 자신이 행하는 것을 알지 못하나이다' 식의 분투가 새로운 사회형태로의 이행을 도울 수도 있다는 겁니다. 마르크스는 '역사적 실존의 권리'라는 말에 그런 함의도 담았습니다. 그는 권리의 '영원한 실존'이 아니라 '역사적 실존'이라고 썼습니다. 인격화된 자본으로 행동하는 한에서 자본가는 영원한 실존이 아니라 역사적 실존을 얻습니다. 역사적으로 특수한 사회형태인 자본주의와 운명을 함께하지요. 자본주의가 그렇듯 자본가의 실존도 역사적으로 생겨나고 역사적으로 사라질 겁니다. 자본축적을 향한 자본가의 열망이 '개인적 광기'가 아니라 '사회적 메커니즘의 작용'인 한에서 자본가의 실존 역시 자본주의와 더불어 '이행적'(transitorischen) 성격을 가질 수밖에 없지

요.[김, 807; 강, 810]

　　재미있는 사실은 축적을 위한 자본가들의 노력이 이런 이행을 촉진한다는 겁니다(자본주의의 발전과 더불어 커지는 해체 요인을 찾아내는 것이 마르크스의 방법이지요. 『다시 자본을 읽자』, 136~139쪽). 마르크스는 말합니다. "가치증식의 광신자로서 자본가는 가차 없이 인류를 생산을 위한 생산으로 내몰아, 모든 개인의 완전하고 자유로운 발전을 근본 원리로 하는 더 고차적인 사회형태의 유일한 현실적 토대일 수 있는 사회적 생산력과 물질적 생산조건들을 창출하도록 한다."[김, 808; 강, 810]

　　자본가들의 생존을 위한 분투가 자본주의의 역사적 이행 즉 자신들의 죽음을 위한 분투가 되는 셈입니다. 언젠가 마르크스는 영국의 인도 지배에 대해 '역사의 무의식적 도구'라는 말을 했는데요(『거인으로 일하고 난쟁이로 지불받다』, 201쪽). 자신도 모르게 자신이 원하지 않는 역사적 과업을 수행한다고요. 비슷한 표현을 여기서 쓰자면, 자본가들은 자본축적을 위한 톱니바퀴이면서 또한 자본의 죽음 즉 새로운 사회형태로의 이행을 돕는 역사적 톱니바퀴이기도 합니다. 이건 저주일까요, 조롱일까요, 유머일까요.자본의 죽음 즉 새로운 사회형태로의 이행을 돕는 역사적 톱니바퀴이기도 합니다. 이건

○ 역사적 권리에는 날짜가 없지 않다

참고로 자본가의 '역사적 실존의 권리'와 관련해서는 펠릭스

폰 리히노프스키(Felix von Lichnowski)라는 인물의 알쏭달쏭한 말이 인용되어 있는데요. 인격화된 자본인 한에서 자본가는 '역사적 실존의 권리'를 갖는데, 이 권리는 "재치 있는 리히노프스키가 말한 것처럼 '날짜가 없는 게 아닌 것'(das keinen Datum nicht hat)"이라고 했습니다.[김, 807; 강, 810] 마르크스가 거의 20년 전의 일을 떠올린 것인데요. 엥겔스가 쓴 『신라인신문』 1848년 9월 1일 자 기사에 어떤 일이 있었는지 자세히 나와 있습니다.[30]

당시 프랑크푸르트 의회에서는 폴란드 문제에 대한 논쟁이 있었습니다. 폴란드왕국은 18세기 말에 멸망했습니다. 러시아, 프로이센, 오스트리아가 왕국을 분할 점령했지요. 이후 독립투쟁이 계속되었습니다. 폴란드인들은 독립을 위해 유럽의 여러 혁명운동 세력들과 연대했습니다. 1848년 혁명에서도 그랬습니다. 유럽의 혁명 세력들은 폴란드 독립을 지지했습니다.

엥겔스의 표현을 빌리자면 리히노프스키는 독일에 '편입된'(reorganisierter) 폴란드인입니다. 1848년 독일 의회 의원으로 선출된 그는 연단에서 폴란드 문제에 대해 발언했는데요. 폴란드인들의 처지에 연민과 공감을 표하면서도 폴란드인들이 혁명과 봉기의 최일선에 나선 것을 비난했습니다. 그렇게 나섰기 때문에 폴란드인들에 대한 유럽인들의 공감이 약해지고 있다고요. 그러면서 앞으로 독일에 '편입되면' 이런 범죄행위를 저질러서는 안 된다고 했습니다. 독립운동을 포기하고 독일에 적극적으로 동화되라는 이야기였지요.

그러다가 재밌는 말실수를 했습니다. 갑자기 "세월이 흘러 노랗게 변한 서류를 밟고 있는 좌파 신사들이… 역사적 권리를 제기하고 있다"라고 하더니, "폴란드 문제에 관한 한 어떤 날짜를 다른 날짜보다 우선시해야 할 이유는 없다"고 했습니다. 그러면서 "역사적 권리에는 날짜가 없는 게 아니다" (Für das historische Recht gibt es kein Datum nicht)라고 했지요. 'kein'에 'nicht'까지 붙인 이중부정인데요, 그의 의도와도 상반될 뿐 아니라 아주 어색한 문장이었습니다. 청중이 큰 소리로 웃었습니다. 그는 실수를 알아차리지 못했는지 그 말을 반복했습니다. 그러자 더 큰 웃음소리가 터져 나왔지요. 의장이 정숙을 요청한 뒤 연설이 재개되었는데요. 어떤 무의식적 기제 때문인지 독일어에 능통하지 못했던 건지는 모르겠지만, 계속해서 그 이상한 문장을 내뱉었습니다. 장내가 떠나갈 듯 사람들이 웃었습니다. 의장이 다시 한번 정숙을 요청했지요. 그러고 나서야 그는 자신의 의사에 부합하는 온전한 문장을 구사했습니다. "역사적 권리에는 날짜가 없다"고.

리히노프스키에 따르면 폴란드 땅의 역사를 계속 거슬러 올라가면 폴란드만이 아니라 그 이전에 존재했던 도시와 나라를 만날 수 있습니다. 이해하기 쉽게 한국사로 바꾸어 말해보자면, 일본으로부터 조선의 독립을 이야기하는데, 조선 이전에는 고려가 있었고, 고려 이전에는 고구려가 있었다고, 그런데 왜 조선 시대에 대해서만 역사적 권리를 요구하느냐는 것이지요. 이것이 리히노프스키가 "역사적 권리에는 날짜가 없다"라고 한 말의 의미입니다. 역사적 권리와 관련해 특정한 날짜, 특정한 연대가 다른 날짜, 다른 연대보다 우선시될 수 없다는 뜻에서 한 말이지요. 그는 폴란드인들을 향해 멸망한 폴란드의 막연한 미래를 생각하기보다 차라리 독일인이 되는 길을 택하라고 했습니다.

마르크스는 자본가의 역사적 실존의 권리를 말하며 이 반동적 인물의 말실수가 떠올랐던 모양입니다. 리히노프스키가 실수한 말을 올바른 말, 재치 있는 말로 인용했습니다. 물론 리히노프스키가 역사적 권리에는 '날짜가 없다'라고 말한 것과 마르크스가 '날짜가 있다'라고 말한 것의 맥락은 다릅니다. 마르크스가 말하려는 것은 자본가의 역사적 실존이 영원할 수 없다는 것, 자본가는 자본주의와 더불어 특정한 시기 동안만 존재하고 사라진다는 것입니다. 자본가의 실존의 권리는 자본주의가 그렇듯 일시적인 것, 이행적인 것이라는 뜻이지요.

쓸쓸한 사실을 하나 덧붙이자면, 리히노프스키는 저 말을 하고는 며칠 뒤 허망하게 죽었습니다. 1848년 혁명의 잔열이 남아 있을 때인데요. 독일 의회가 덴마크와의 휴전협정을 승인한 것에 분노한 시위대가 길거리에서 그를 붙잡아 폭행했습니다. 그는 이튿날 숨을 거두었지요. 역사적 권리에는 날짜가 없다면서, 폴란드인들에게 막연한 미래를 그리지 말고 나라 없는 현실을 받아들이라고 했던 그 사람은 한 치 앞을 보지 못한 채 1849년 9월 19일 그렇게 숨을 거두었습니다.

○ 축적의 길은 고행의 길, 자본가는 수도사?

자본가의 '역사적 실존의 권리'에 대한 이야기를 조금 더 이어가겠습니다. 나는 이번 장에서 마르크스가 자본가를 단순히 '인격화된 자본'이라고 부른 게 아니라, 그런 한에서만 '역사적 가치'와 '역사적 실존의 권리'를 갖는다고 말한 것에 주목했습니다. 이것은 바꾸어 말하면 아주 무서운 경고가 될 수 있습니다. '인격화된 자본'으로 행동하지 않다면 그 자본가는 실존할 수도 없고 역사적으로도 무가치하다는 말이기 때문입니다.

마치 총자본가가 개별 자본가들에게 보낸 경고 같습니다. '인격화된 자본'으로서 행동하지 않는 자본가는 자본축적을 게을리하는 자이고, 자본축적에 방해되는 자, 더 나아가 자본축적을 도둑질하는 자입니다. 자본가는 최대한의 잉여가치를 자본으로 전환해야 합니다. 그렇지 못한 부분, 즉 자본가가 '개인적 소비'에 지출한 부분은 일종의 낭비이고 더 나아가 "자본축적에 대한 도둑질로 간주"됩니다.[김, 808; 강, 811]

실제로 자본주의 초창기에는 이런 식의 윤리를 강조했습니다. 치부에 대한 탐욕을 절욕의 형태로 표현한 것이지요. 최대한 긁어모아야 했기 때문에 스스로를 최대한 짜냈던 겁니다. 마르크스는 1795년에 출간된 존 에이킨(John Aikin)의 책을 인용하는데요. 여기서 에이킨은 자본가들의 행위양태를 네 시기로 나누어 고찰하고 있습니다. 그에 따르면 첫 번째 시기에 자본가들은 열심히 일합니다. 화폐축장자와 다를 바가 없었습니다. 돈을 모으기만 하고 절대로 쓰지 않는 수전노의 시기지요. 마르크스에 따르면 자본주의 초창기에는 평균이윤이 너무 낮았기 때문에 '엄청난 절약'을 통해서만 축적이 가능했습니다. 그리고 하나 더하자면 초기 자본가들은 어린 도제들을 받았는데요, 기술을 가르친다는 명목으로 부모로부터 엄청난 사례금을 뜯어냈다고 합니다. 이런 식으로 초기 자본을 축적했지요.[김, 811; 강, 813]

두 번째 시기에도 자본가들은 노동하고 절제합니다. 다만 노동의 성격이 좀 다릅니다. 직접 노동한다기보다 타인을 부리는 노동을 하지요. 마르크스의 표현을 빌리자면 "노동의 직접적 착취에도 노동이 필요"하니까요.

세 번째 시기에는 절제가 조금 완화됩니다. 사업 확장과 더불어 영업을 위한 사교가 필요했으니까요. 하지만 기계제 생산으로 넘어가기 전까지 공장주들이 술집에서 하룻저녁에 소비하는 액수는 "6펜스짜리 펀치 한잔과 1펜스짜리 말이 담배 1개비를 결코 넘지 않았다"라고 합니다. 18세기 초까지만 해도 맨체스터의 한 공장주가 손님들에게 외국산 포도주 1파인트(500밀리리터가량)를 대접했다며 이웃 사람들의 비난을 샀다고 하니까요.[김, 811~812; 강, 814] 당시 자본가에게 요구된 윤리를 짐작할 수 있지요.

이것은 당시 부르주아 경제학인 고전파 경제학의 요구와

도 일치합니다. 이전 책에서 스미스가 생산적 노동과 비생산적 노동을 어떻게 구분했는지를 살펴보았는데요. 그는 노동자 대신 하인을 고용하면 가난해진다고 했습니다(『임금에 관한 온갖 헛소리』, 29쪽). 이것은 자본가들에게 보내는 경제적 조언일 뿐 아니라 윤리적 경고였다고 할 수 있습니다.

"축적하라, 축적하라! 이것은 모세와 예언자들의 말이다!" 이것은 자본주의적 생산양식이 유지되는 내내 울려 퍼질 계명입니다. 그런데 자본주의 초창기에는 이 말이 이렇게 들렸습니다. "절약하라, 절약하라! 즉 잉여가치나 잉여생산물 중 가능한 한 부분을 자본으로 재전환하라!"[김, 812; 강, 814] 잉여가치를 향락에 쓸 것인가 치부에 쓸 것인가. 맬서스는 "지출에 대한 열정과 축적에 대한 열정을 분리하는 것"이 중요하다고 했습니다. 열정의 분업이라고 할까요. 자본가는 축적에 대한 역사적 소명을 부여받은 사람이니 축적 활동에 전념하고 잉여가치를 분배받아 지출하는 것은 토지 귀족이나 국가의 관리나 교회 성직자 등에게 맡기자고 했습니다.[김, 812~813; 강, 815]

역사적 실존의 권리를 가진 자, 역사적 가치를 부여받은 자로서 자본가는 하나의 기계, 하나의 톱니바퀴와 같습니다. "고전파 경제학에서 프롤레타리아가 단지 잉여가치를 생산하는 기계로서 간주되었다면 자본가 또한 이 잉여가치를 추가자본으로 전환시키기 위한 기계로서 간주될 뿐이다."[김, 812; 강, 815] 마치 소명을 위해 고행하는 수도자 같습니다.

그러나 이런 고행이 언제까지 이어질 수는 없습니다. 우리는 시리즈 마지막 책에서 초창기 자본가들이 축적을 위해 어떤 만행을 저질렀는지 살필 텐데요. 일단 여기서는 자본가 아담의 죄상을 묻어두겠습니다. 그저 '악착같이 모았다'라고만 해두죠. 지금은 절약 즉 지출의 최소화만 이야기하겠습니다. 앞서 초기 자본가의 절욕과 고행은 부에 대한 탐욕의 표현이라고 했는데요. 이런 존재가 상당한 돈을 모은 후에도 고행하는 수도사처럼 살아갈까요. 자본축적이 어느 규모 이상이 되면 부를 향유하고 과시하면서 살고 싶은 마음도 들지 않을까요. 마르크스는 『파우스트』의 한 구절을 인용합니다. "아! 그의 가슴에는 서로 헤어지고 싶어하는 두 개의 영혼이 살고 있구나!"[김, 810; 강, 812]

실제로 자본주의가 어느 정도 발전하면 자본가 개인의 절욕은 자본축적에 큰 영향을 미치지 않습니다. 생산규모가 개인이 소비를 아껴서 투자할 수 있는 수준을 넘어서지요. 오히려 자본의 사회적 동원이 가능해집니다. 은행, 주식, 채권 등 여기저기서 돈을 끌어들일 수 있는 각종 신용제도가 발전하지요. 그리고 이러한 제도들 상당수는 투기의 기회를 제공하기 때문에 벼락부자가 많이 나타납니다(『성부와 성자』, 34~38쪽). 이런 벼락부자들에게 고행의 삶을 기대하기는 힘들겠지요. 그게 아니어도 축적 규모가 일정 단계를 넘어서면 자본가에게는 사업의 확대를 위한 사교와 접대가 필요합니다. 신용을 얻기 위해서도 적절한 부의 과시가 필요하고요. 일종의 영업비용이 되는 거죠.

손자 자본가는 할아버지 자본가의 이야기에서 '인간적 감동'을 느낄지도 모르겠습니다.[김, 810; 강, 812] 새벽부터 일어나 물건을 져 나르고 단벌 양복으로 평생을 살았다는 이야기에 뭉클할지도 모르지요. '인간적 감동'이라는 표현은 마르크스가 프리드리히 실러의 시 「인질」에서 따온 것인데요.[31] 참주인 디오니시우스가 처형을 앞둔 청년의 목숨 건 우정에 감동하는 그 장면입니다. 권력자의 감정이었던 거죠. 대자본가가 된 자본가는 겨우 직공 한두 사람을 두고 일했던 할아버지와는 다릅니다. 비유컨대 그는 이제 정복 군주입니다.

손자 자본가가 할아버지 자본가에게 느낀 '인간적 감동'은 자신보다 대단한 존재, 자신이 목표로 삼고 있는 존재에 대해 느끼는 감정이 아니라, 자신보다 못한 존재, 자신이 지나쳐온 남루한 시절에 대해 느끼는 감정이지요. 손자 자본가는 할아버지 자본가의 이야기에 가슴이 뭉클하긴 하지만 동시에 짠하다는 생각을 합니다. 너무 고루해 보이기도 하고요. 수전노 냄새가 난다고 할까요. 그런 건 제대로 된 '비즈니스'가 아닙니다.

앞서 맬서스는 '지출에 대한 열정'과 '축적에 대한 열정'을 분리해야 한다고, 자본가는 오로지 축적에만 전념해야 한다는 주장을 했다고 말했지요. 하지만 이 주장에 대해 당대의 자본들이 반발했지요. 마르크스의 표현을 빌리자면 자본들은 "오래전에 이미 향락과 사교의 선수들로 변신해" 있었거든요.[김, 813; 강, 815] 한 리카도주의 학자는 이런 자본가들의 목소리를 대변하며, "오로지 생산", "생산의 끊임없는 확대"만을 외치는 것은 생산에 방해가 된다고 했습니다. "산업자본가들의 수프에서 고기를 빼버리고는 축적하라고 찔러대는 것은 부당하다"라는 거죠.[김, 813; 강, 815~816] 존 에이킨의 분류에 따르면 '네 번째 시기'가 온 겁니다. 에이킨은 이 시기를 '사치와 낭비의 시기'라고 불렀습니다.[김, 812; 강, 814]

　　그렇다면 자본가들에게 '절약'의 시대는 끝난 걸까요. 그렇지 않습니다. 두 가지 의미에서 자본가는 여전히 '절약'을 높이 평가합니다. 하나는 그 절약을 노동자에게 요구합니다. 마르크스는 앞서 언급한 리카도주의자의 위선을 꼬집었는데요. 자본가의 수프에서 고기를 빼내고서 축적에 전념하라고 요구하는 건 부당하다고 목소리를 높였던 그 사람은 노동자를 더 열심히 일하게 하기 위해 임금을 최저 수준에 묶어두어야 한다고 주장했습니다.[김, 813; 강, 816] 생산과정에서도 그렇습니다. 자본가들은 생산수단을 아껴 쓰지 않는 노동자를 용서하지 않습니다. 자신들만의 엄격한 형법으로 다스리지요(『생명을 짜 넣는 노동』, 110쪽). 초기 부르주아 경제학자들이 자본가의 개인적 소비를 자본축적에 대한 도둑질이라 불렀다고 했는데요. 자본가들은 생산수단을 아껴 쓰지 않는 노동자들에 대해 그런 말을 씁니다.

　　'절약'의 또 다른 용법은 축적된 자본의 정당화입니다. 이 경우에는 '절약'이라는 말보다는 '절욕'(Abstinenz) 내지

'절제'(Enthaltung)라는 말이 어울리는데요. 일부 부르주아 경제학자들은 잉여가치를 자본가의 '절욕'에 대한 보상이라고 했습니다. 이것은 자본축적을 위해 절욕과 절제를 요구받은 '고전적 자본가'의 경우와는 좀 다릅니다. '고전적 자본가'들은 개인적 소비를 자본축적의 소명을 저버린 죄악이라고, 다시 말해 '축적에 대한 절제'라고 비난했는데요. '근대적 자본가'는 축적된 자본을 가리켜 자신의 절제에 대한 대가라고 말합니다.[김, 810; 강, 812] 뉘앙스가 다르지요. 고전적 자본가는 직접 생산노동에 나서기도 하고 개인적 소비를 최대한 줄여 재산을 모아야 한다고 생각했습니다(이것이 그의 절욕입니다). 그런데 근대적 자본가의 경우에는 자본투자 자체를 절욕이라며 그에 대한 보상을 요구하는 겁니다.

대표적 예가 우리가 시리즈 5권에서 만났던 시니어입니다(『생명을 짜 넣는 노동』, 152~158쪽). 시니어는 아예 자본을 '절욕'이라는 말로 불렀습니다.[김, 814; 강, 817] 특히 불변자본인 생산수단을 그렇게 이해했는데요. 농업노동자가 씨앗을 심을 수 있었던 것은 자본가가 그 씨앗을 다 먹지 않았기 때문이라는 식이지요. 증기기관, 면화, 철도, 비료 등등 자본가가 생산과정에서 제공하는 생산수단이 다 그렇습니다. 모두 탕진해버릴 수도 있었던 것을 자본가가 생산과정에 투입했다는 거죠. 이런 논리는 무한정 확장되는데요. 심지어 포도주가 생산될 수 있었던 것도 자본가가 발효의 시간을 참고 기다렸기 때문입니다.[김, 815, 각주 31; 강, 818, 각주 43] 이 포기의 시간,

인고의 시간, 고행의 시간에 대한 보상이 필요한데 그것이 바로 잉여가치라는 겁니다. 누군가가 자본가도 생산수단을 구매한 것 아니냐고 묻는다면 이렇게 답하겠지요. 그 돈을 자본가가 다른 곳에 탕진할 수도 있었는데 그 대신 생산에 투입한 것이라고요.[김, 815; 강, 818]

사실 이런 '절제설'이 부각된 데는 역사적·정치적 맥락이 있습니다. 시니어의 『정치경제학 개론』은 1836년에 출간되었습니다. 맬서스가 자본가에게 자본축적에 전념하고 지출은 지주나 관료, 성직자에게 맡기라고 했던 1820년대와는 다릅니다. 마르크스는 1830년에 7월혁명(1830)이 일어났음을 환기해줍니다. 7월혁명이 일어나자 맬서스의 주장을 둘러싼 논쟁은 곧바로 잠잠해졌습니다. 산업자본가와 지주가 서로 싸울 때가 아니었거든요. 7월혁명 직후 프랑스 리옹에서는 도시 프롤레타리아트가 봉기했고 영국 농촌에서는 농촌 프롤레타리아트가 농장에 불을 질렀으며, 영국에서는 오언주의, 프랑스에서는 생시몽주의와 푸리에주의가 유행했습니다.[김, 814; 강, 816] 게다가 우리가 이미 본 것처럼 이 시기에는 노동일 단축을 요구하는 투쟁이 본격화되었습니다. 시니어가 자본주의를 유지하기 위한 '최후의 1시간'을 주장한 것이 바로 이때입니다(『생명을 짜 넣는 노동』, 169쪽).

소위 '절제설'은 부르주아 속류 경제학자들이 급조해낸 계급투쟁의 무기였던 겁니다. '노동자의 노동'이 아니라 '자본가의 절제'가 자본축적을 가능케 했다는 거죠. 자본축적은 노동자를 착취한 게 아니라 자본가 자신을 착취한 결과라는 말입니다. 시니어에 따르면 원시사회에서 생산수단은 절욕과 상관없이 만들어졌으나("미개인이 활을 만들었다면 그것은 근로를 행한 것이지 절욕을 행한 것은 아니다") 이제는 앞서 말한 것처럼 자본가의 절욕을 통해서만 생산수단이 제공될 수 있습니다. 그런데 이렇게 노동자에게 생산수단을 제공하는 것은 자본가가 스스로에게서 그것을 빼앗은 것(사냥 수단으로서 활을 직접 만든 미개인, 즉 자본가 "자신의 아담"한테 그 활을 빼앗은 것)과 같다는 거죠.[김, 815; 강, 817~818]

　　마르크스가 얼마나 황당해했을지 짐작이 갑니다. 이런 식이라면 인간의 모든 행동은 절제로 설명할 수 있습니다. 만약 돈을 벌기 위한 투자를 절제라고 부른다면, 우리는 식사를 단식에 대한 절제라고 부를 수 있고, 보행을 정지의 절제라고 부를 수 있으며, 근면을 나태에 대한 절제라고 부를 수 있을 겁니다. 어떤 말과 그 반대말은 모두 절제 관계에 있다고 할 수 있지요.

　　투자를 스스로에 대한 착취라고 부르는 자본가를 어떻게 이해해야 할까요. 아니, 그 이전에 자본가는 왜 스스로를 착취한 걸까요. 마르크스는 말합니다. "이 문제는 속류 경제학이 지금까지 굳게 입을 다물어온 비밀에 속한다."[김, 816; 강, 818] 재산을 탕진하고 싶은 욕망을 참으면서, 자본을 축적하는 이 고행자를 어떻게 해야 할까요. 자본가가 왜 이런 희생을 치르는지, 왜 이런 고행을 감내하는지는 모르겠습니다. 하지만 이들에게 어떻게 해주어야 하는지는 알 수 있지요. 아무리 인류 전체를 위한 희생이라 해도 이러면 안 됩니다. 자본가를 그 고난에서 해방해주어야 마땅하지요.

　마르크스는 짐짓 엄숙한 태도로 말합니다. "단순한 인류애(Humanität) 관점에서 보더라도 자본가를 순교와 유혹에서 해방해야 함이 명백하다. 마치 조지아 주의 노예소유자가 최근 노예제가 폐지됨으로써 과거의 고통스러운 딜레마, 즉 흑인 노예에게서 짜낸 잉여생산물을 모두 샴페인을 사는 데 써야 하는가 아니면 일부분을 더 많은 노예와 땅으로 전환해야 하는가 하는 고통스러운 딜레마에서 해방된 것과 마찬가지로 말이다."[김, 816; 강, 818~819]

　자본가에게 이런 고통을 겪게 할 이유가 없습니다. 다행히도 역사상 존재했던 다양한 사회형태, 여러 경제적 사회구성체를 보면, 자본가가 그런 고행을 겪을 필요가 없다는 것을 알 수 있습니다.[김, 816; 강, 819] 자본가가 고행자의 삶을 살지 않아도 사회의 재생산에는 아무런 문제가 없습니다. 단순재생산은 물론이고 확대재생산까지 가능합니다. 자본가가 없어도("기묘한 성자, 슬픈 형상의 기사인 '절욕하는' 자본가 없이도"), 자본축적이 일어나지 않아도, 한 사회의 성원들이 자신들을 유지하고 생산을 확대하는 데는 아무런 문제가 없습니다.[김, 817; 강, 820] 할렐루야! 자본가 여러분, 이제 해방입니다. 여러분은 더 이상 인류를 위해 희생할 필요가 없습니다. 지금 당장 자본가를 그만두어도 됩니다!

5

축적은 착취에 달려 있다

톰프슨이라는 미국인이 소개한,
값싼 재료로 대충 만든 수프를 마르크스는
'거지수프'라고 불렀습니다. 하지만
톰프슨의 거지수프에 감동한
어느 영국 부르주아 작가는
노동자들에게 훈계를 늘어놓습니다.
아니 무슨 빵까지 먹으려 하는가,
보리와 옥수수만으로도 얼마나 맛있는 요리를
만들 수 있는데, 게다가 소금만 넣은 귀리죽으로도
행복하게 사는 사람들이 있지 않은가.
피골이 상접한 노동자들에게
검소한 삶을 가르치려 드는 부르주아들.
이것은 한 편의 익살극 아닐까요.
너무 황당해서 화가 나기보다 웃음이 나옵니다.

오노레 도미에, ⟨배불뚝이 의회⟩, 1834.
1795년 잉글랜드 버크셔의 지주들이 모여 임금을 결정했다.
이 회의에서 노동자들은 귀리죽만 먹도록 해야 한다는 훈계가 나온 것에 대해
마르크스는 이렇게 말한다. "스콰이어들(Squires)이 임금을 결정하면서
점심을 먹고 있었는데, 이들은 노동자들은 점심 같은 것을
먹을 필요가 없다고 생각한 것이 분명하다.

지금까지 우리는 자본가가 잉여가치 중 얼마를 개인적 소비에 쓰고 얼마를 자본으로 투자하는지에 초점을 맞추어 자본축적을 살펴보았습니다. 당연한 말이지만 잉여가치를 최대한 자본으로 전환할 때 축적의 규모가 커집니다. 그러나 축적 규모를 결정하는 것은 이것만이 아닙니다. 훨씬 중요한 요인들이 있지요. 자본주의가 발전하고 축적 규모가 커지면 자본가 개인의 소비는 거기에 상대적으로 큰 영향을 미치지 않습니다. 더 중요한 것은 잉여가치의 생산 자체를 늘리는 겁니다.

○ 착취가 늘어나면 축적이 늘어난다

잉여가치 생산량이 많아지면 자본가의 개인적 소비를 비례적으로 늘려도(심지어는 비례보다 더 늘려도) 자본축적이 가능합니다. 100만큼의 잉여가치를 생산해 20을 개인적으로 소비하고 80을 자본으로 투자했던 자본가가 1000만큼의 잉여가치를 생산하면, 개인적 소비를 200으로 늘린다 해도(혹은 300으로 늘린다 해도) 자본으로 전환되는 부분 역시 800으로(혹은 700으로) 늘어납니다. 잉여가치 생산량의 절대적 크기가 중요한 것이지요. 이는 잉여가치 생산량을 좌우하는 요인이 자본축적의 규모에도 관여한다는 뜻입니다. 그렇다면 잉여가치 생산량을 좌우하는 요인으로는 어떤 것들이 있을까요.

첫 번째 요인은 노동력 착취도입니다. 잉여가치율은 착취도에 달려 있습니다.[김, 818; 강, 820] 물론 넓은 의미에서 잉여가치율과 착취도는 같은 말입니다. 잉여가치율이란 노동자에게 지불한 노동과 지불 없이 취한 노동의 비율이니까요 (『생명을 짜 넣는 노동』, 158~160쪽). 하지만 마르크스는 착취도라는 말을 여기서는 좁은 의미로 쓰고 있습니다. 노동력에 대해 정당한 대가를 지불하지 않은 경우지요. 사회 전반의 노동생산성이 올라가면 정당한 대가를 지불해도 노동력의 가치가 떨어지기 때문에 잉여가치율이 증대하는데(상대적 잉여가치의 경우), 이 경우는 뒤에 별도로 다룹니다. 그러니까 지금 여기서 말하는 착취도는 부당하게 노동력을 쥐어짜는 경우입니다. 자본가의 '절제'라는 말과 대구를 이룬다고 할까요. 자본축적은 자본가의 '절제'를 통해 이루어졌다는 부르주아 경제학자들의 말을 되받아치듯 마르크스는 잉여가치율 증대의 첫번째 요인으로 노동자에 대한 '착취'를 들고 있습니다.

물론 『자본』에서는 노동력의 가치 이하로 임금을 지급하는 것이 일반적 가정은 아닙니다. 『자본』은 주로 합법적으로 이루어지는 착취를 해명하고자 하기에 자본가가 노동력의 가치를 제대로 지불하는 경우를 상정합니다. 그러나 마르크스가 자주 환기하듯 현실이 그렇다는 것은 아닙니다. "실제 운동에서는 가치 이하로 임금을 강제 인하하는 것이 너무나 중요한 역할을" 합니다.[김, 818; 강, 821] 정치경제학자들 역시 이 점을 잘 알고 있습니다. 그래서 어떤 이들은 '노동자에 대한 착취의 증대'로 인한 축적 속도의 증가와, '노동생산력의 증대'로 인한 축적 속도의 증가를 동일시합니다. 노동생산력을 노동시간 대비 생산물의 양으로 재는 게 아니라 노동자에게 지급한 임금 대비 수익으로 재는 거죠. 그러다 보니 동일 노동에 대해 적은 임금을 지급했다면 노동생산력이 증대한 것으로 간주합니다. 실제로는 노동자의 생산력이 증대한 게 아니라 노동자에 대한 착취가 증대한 것인데도 말입니다(이렇게 노동생산력을 노동자에 대한 착취도, 즉 노동자로부터 이윤을 얼마나 뽑아냈는지와 동일시한다면, 노동생산력 증대로 자본축적 속도가 증가했다는 말은 사실상 동어반복인 셈이지요).[김, 818, 각주 36; 강, 820, 각주 48]

마르크스는 자본축적을 위해 노동자를 착취하는 다양한 경우를 언급하는데요. 앞서 언급했던 자본가의 개인적 '절제' 사례, 이를테면 하룻저녁에 술집에서 겨우 '펀치 한 잔'과 '말이담배 1개비'밖에 소비하지 않았다는 식의 이야기가 무엇을 감추고 있는지를 잘 보여줍니다. 나는 마르크스가 자본축적이 과연 자본가의 검소한 삶 덕분인지 노동자의 생명력을 약탈한 덕분인지를 판단해보라는 듯 이 부분을 쓴 게 아닐까 생각합니다.

임금을 최대한 낮추려는 자본가의 마음은 너무도 공공연해 비밀이라고 할 것도 없습니다. "구매하지 않고도 노동을 얻을 수 있다면 임금은 필요 없을 것"이라는 밀의 말은 '삼각형은 세 개의 모서리를 가진 도형'이라는 말처럼 항상 옳습니다. 자본가의 꿈이겠지요. 노동력 재생산에 비용이 들지 않는다면, 다시 말해 노동자가 생존을 위해 아무것도 필요로 하지 않는다면, 노동력의 가치는 '0'이 될 겁니다. 하지만 그렇게 되면 자본가는 노동력을 구할 수 없습니다. "공기만 먹고도 살 수 있다면" 노동자가 뭣 하러 자기 노동력을 남에게 팔겠습니까. 남 밑에서 일하지 않고도 사는 데 문제가 없는 데 말이지요.[김, 819; 강, 821]

자본가가 비용 없이 노동력을 구매할 수는 없습니다. 그러나 노동력에 대한 지불을 '0'으로 만들 수 없다고 해서 그쪽으로 다가가려는 노력이 사라지는 것은 아닙니다. '0'에 도달하지 못해도 '0'에 다가가면서 자본가는 큰 이익을 봅니다. 그러니 언제나 임금을 최대한 낮추려고 하지요.

마르크스는 '노동일'에 관한 장에서 길게 인용했던 커닝엄(J. Cunningham)의 책 『무역과 상업에 관한 에세이』를 여기서도 인용하는데요. "영국 자본의 가장 내면적인 영혼"을 노골적으로 드러냈기 때문입니다.[김, 819; 강, 821] 이 책에서 커닝엄은 한 공장주의 말을 빌려와 영국 노동자들이 프랑스 노동자들에 비해 너무 많이 입고 먹는다고 비난합니다. 프랑스 노동자들은 고기도 거의 먹지 않고 음료도 주로 물을 마시며 밀가루가 비쌀 때는 빵도 거의 먹지 않기 때문에 영국 노동자 임금의 3분의 1만 받고도 열심히 일한다고 했지요.

한 세대가 지난 후 미국의 벤저민 톰프슨(Benjamin Thompson)은 값싼 재료들로 만들 수 있는 음식 조리법을 소개했는데요. 언뜻 보면 가난한 사람들을 돕기 위해 쓴 요리책 같습니다. 하지만 실상은 싸구려 재료로 만든 음식만 먹어도 노동자들이 살 수 있다는 나쁜 이데올로기를 전파하는 책이었습니다. 그가 소개한 수프 조리법에 따르면 1인분 가격을 4분의 1 페니까지 떨어뜨릴 수 있습니다. 글쎄요, 요즘으로 치면 라면 한 봉지, 참치 캔 한 개, 시래기 약간을 섞어 10인분 식사를 만드는 수준이라고 할까요. 마르크스는 이를 '거지수프'라고 부르고 있습니다. 톰프슨의 거지수프에 감동한 한 영국 부르주아 작가는 영국 노동자에게 좀 검소하게 살라는 듯 훈계를 늘어놓습니다. 스코틀랜드에서는 밀이나 고기 대신 물과 소금만 넣은 귀리죽만 먹고도 안락하게 사는 사람들도 많다고.[김, 821, 각주 42; 강, 823, 각주 54]

무슨 빵까지 먹으려고 하는가, 보리와 옥수수만으로도 얼마나 맛있는 요리를 만들 수 있는데, 게다가 소금만 넣은 귀리죽으로도 행복하게 사는 사람들이 있지 않은가. 피골이 상접한 노동자들에게 검소한 삶을 가르치려 드는 부르주아들. 이것은 한 편의 익살극(Possenreißerei)이 아닐까요. 너무 황당해서 화가 나기보다 웃음이 나옵니다. 그래서인지 마르크스는 스핀햄랜드(Speenhamland)법이 처음 시행되던 때의 모습을 소개하며 '잉글랜드 도그베리들'이 벌이는 '익살극'이라고 부르고 있습니다(『자본』 1장에서도 마르크스는 횡설수설하는 정치경제학자들을 셰익스피어의 『헛소동』에 나오는 인물 도그베리에 비유했었지요. 『마르크스의 특별한 눈』, 173~174쪽).

마르크스가 익살극의 대사처럼 소개한 문장은 무대 대사가 아니라 의회에서의 증언입니다.[김, 822; 강, 824] 1795년 잉글랜드 버크셔의 지주들이 모여서 임금을 결정했는데요.

"스콰이어들(Squires)은 임금을 결정하면서 점심을 먹고 있었는데, 이들은 노동자들이 점심 같은 것을 먹을 필요가 없다고 생각한 것이 분명하다." 최저임금을 결정하는 위원들이 회의 중에 점심을 먹으면서, 노동자들의 점심을 없애는 임금을 결정하는 장면을 떠올려보세요. 그로테스크하다고 해야 할까요, 희극적이라고 해야 할까요. 그런데 문제는 이것이 연극이 아니라 현실이었다는 거죠.

참고로 스핀햄랜드법(1795)은 좀 기묘한 법이었습니다. 소위 산업혁명으로 노동력에 대한 수요가 급증했는데요. 이 수요를 충족해주기 위해 영국 정부는 당시까지 존재했던 정주법(거주지를 제한하는 법)을 철폐했습니다. 그러면서 동시에 농촌 노동자와 빈민들을 지원하기 위한 스핀햄랜드법을 제정했습니다. 이 법은 지주와 차지농업가가 지급한 임금으로 최저 생계가 불가능할 경우 교구에서 구호금을 지급하는 체계였습니다(전국적 노동시장 창출이라는 점에서 보자면 정주법 폐지와는 모순되는 조치였습니다. 정주법 폐지가 노동력의 자유로운 이동을 허용한다면 스핀햄랜드법은 노동력을 농촌에 붙잡아두는 효과를 냈으니까요[32]).

스핀햄랜드법은 빈민의 최저 생계를 지원한다는 점에서는 복지법이라 할 수 있습니다. 그러나 실상은 저임금을 조장하는 법이었습니다. 자본가들은 임금을 더욱 낮추었습니다. 어차피 교구에서 최저 수준을 맞춰줄 테니까요. 취지상으로는 빈민 노동자에 대한 생계 지원책이었지만 실제로는 공공

재산으로 자본가의 임금 지급을 보조해주는, 자본가 지원책이었던 겁니다.[33] 게다가 위원회에서 정하는 최저임금 수준은 갈수록 낮아졌습니다. 폴라니의 표현을 빌리자면 "인간의 이미지 그 자체가 오염"될 수준이었지요.[34]

자본축적이 이 시기에 무서운 속도로 이루어질 수 있었던 것은 이처럼 노동자들의 생존기금("노동자들에게 없어서는 안 될 [최소한의] 소비기금")을 약탈한 것과 무관치 않습니다.[김, 823; 강, 825] 자본축적만큼이나 빈곤축적, 빈민축적이 무서운 속도로 이루어진 시기였지요(자본축적이 어떻게 노동자의 생존 기금을 약탈하면서 진행되었는지에 대해서는 우리 시리즈의 다음 책인 11권에서 더 자세히 살펴볼 겁니다).

◦ 황금알을 낳는 거위는 왜 빨리 죽는가

노동자의 임금을 이처럼 강제로 인하하는 방법 말고도 착취도를 높이는 방법이 있습니다. 지난 책에서 본 것처럼 동일한 임금을 지급하거나, 심지어 외견상으로는 더 높은 임금을 지급하는 경우에도 착취도가 높아질 수가 있지요. 자본가는 고용을 늘리지 않고 노동일을 늘리거나, 약간의 할증 요금을 지급하고 '시간외노동'을 시키거나, 노동강도를 높이는 식으로 잉여가치 생산량을 늘릴 수 있습니다(『임금에 관한 온갖 헛소리』, 3장). 겉보기에는 임금이 올라가는 것 같지만 실제로는 지불 임금에 비해 더 많은 노동을 뽑아 쓰는 방법들이지요.

투입 노동량이 늘면 원료 사용량도 늘고 기계도 더 마모

될 겁니다. 하지만 고용을 늘린 게 아니므로, 본래의 비례관계보다는 생산수단 구입 비용이 상대적으로 적게 듭니다. 개별적으로 지급해야 하는 공구들의 구입 비용도 절약되고 건물이나 기타 설비를 확장할 필요도 없으니까요(『거인으로 일하고 난쟁이로 지불받다』, 67~68쪽). 이용 효율이 높아지기 때문에 불변자본을 절약하는 효과가 있지요. 이를테면 자본을 처음에 100만큼 투자했다면 생산량을 두 배로 늘리는 데는 추가로 50만 투자해도 됩니다. 동일 규모의 잉여생산물과 잉여가치를 더 적은 비용으로 얻을 수 있다면 그만큼 자본축적에 유리하겠지요.

특히 이런 효과는 인간(노동)과 자연(토지)이 직접 결합하는 산업들, 이를테면 채취산업(광업)이나 농업 등에서 크게 발휘됩니다. 이들 영역에서 생산과정은 "인간과 자연이 협력"하는 식으로 이루어지는데요. 마르크스의 표현을 빌리자면 인간과 자연은 "부의 두 본원적 생산자(Urbildner)"입니다.[김, 824; 강, 827]『자본』제1장에서 인용했던 윌리엄 페티(William Petty)의 말을 염두에 둔 게 아닐까 싶은데요("노동은 물질적 부의 아버지이고 토지는 그 어머니이다",『마르크스의 특별한 눈』, 66쪽). 기계제 생산을 다룬 제13장(영어판은 제15장)에서도 "자본주의적 생산은 모든 부의 원천인 토지와 노동자를 동시에 파괴"한다고 했지요(『자본의 꿈 기계의 꿈』, 184쪽). 인간(노동)과 자연(토지)을 부의 원천으로 지목한 겁니다. 그러나 이 문장이 나올 때마다 주의를 촉구했던 것처럼, 이때의 부는

'물질적(소재적) 부'(stofflichen Reichtum)입니다. 자본주의에서 축적되는 '가치'와는 다른 것으로, 이 경우에는 사용가치가 풍부한 것이지요.

　　마르크스가 인간과 자연을 부의 '본원적 생산자' 내지 '원천'이라고 부른 것은 그 다산성을 지칭하기 위해서입니다. 부의 '아버지'와 '어머니'라는 표현이 이런 다산성을 상징합니다. 인간의 능력과 자연의 풍요(비옥함)가 만나면 많은 생산물이 쏟아져 나옵니다. 한나절만 일해도 하루 먹을 것을 구하는 데 문제가 없지요. 마르크스의 표현을 빌리자면, 생산의 '탄력성'(Elastizität)이 아주 큽니다.[김, 824; 강, 826] 노동력을 조금 더 투입하고 노동도구를 조금 더 개량하면 잉여생산물의 양을 크게 늘릴 수 있습니다. 탄력성이 크다는 건 그런 뜻이지요.

　　그런데 이 효과는 인간과 자연이 직접 결합하는 소위 1차 산업에 국한하지 않습니다. 직접적으로는 이런 산업들에서 확인됩니다만, 이들 산업의 생산물이 대체로 제조업의 원료가 되기 때문에, 간접적으로는 제조업에도 영향을 미치지요. 1차 산업에서 생산량이 증대하면 제조업의 불변자본(생산수단) 비용이 낮아집니다. 전자의 산업에서 큰돈 들이지 않고 생산량을 늘린 것이 후자 산업에서 비용을 크게 아껴주는 겁니다. 모두가 자본축적에 유리한 사정이지요.

　　앞에서도 말했듯이 부의 '아버지'와 '어머니'의 결합으로 산출된 생산물들이 그 자체로 자본은 아닙니다. 그런데 자본은 이들의 다산성, 이들이 지닌 능력을 축적에 활용할 수 있습니다. 마르크스는 자본이 이 둘을 결합해 "팽창력(Expansionskraft)을 획득"한다고 썼습니다.[김, 825; 강, 827] 인간과 자연의 힘이 지닌 탄력성 덕분에 자본축적에도 탄력성이 붙는다는 겁니다. 투자가 늘면 축적은 그보다 더 많이 늘어나는 식이지요.

이것은 자본이 인간과 자연을 더욱 닦달하는 이유가 됩니다. 조금만 더 닦달하면 이 거위들은 황금알을 더 많이 내놓으니까요. 황금알을 낳는 거위는 바로 이 능력 때문에 빨리 죽습니다. 인간과 자연의 생산 탄력성이 아무리 크다고 해도 부에 대한 탐욕이 팽창하는 속도를 따라잡을 수는 없습니다. 황금알을 낳는 거위는 설령 주인이 배를 가르지 않았다고 해도 자본주의사회의 암탉들처럼 산란능력을 급속히 소진하고 폐기되었을 겁니다. 산란능력을 최대한 끌어올리기 위해 24시간 불을 켜놓고 특수 성분 사료를 먹일 테니까요. 인간과 자연도 그렇습니다. 이런 식으로 닦달해대는 자본주의 아래서 인간과 자연은 머지않아 "더는 무언가를 품고 산출할 수 없는 존재"가 되지는 않을까요(『자본의 꿈 기계의 꿈』, 185쪽).

　　　　　◦ 노동생산력 증대는 축적을 가속화한다

마르크스는 자본축적이 노동력 착취도에 달려 있다는 이야기를 길게 했습니다. 그런데 노동력 착취도 말고도 잉여가치 생산에 기여하고 결과적으로 자본축적을 돕는 요인들이 있습니다. 마르크스가 언급한 두 번째 요인은 '사회적 노동생산력의 수준(Produktivitätsgrad)'입니다. 사회 전반적으로 노동생산력이 높아지면 우리가 잘 아는 것처럼 잉여가치 생산량이 늘어납니다(상대적 잉여가치). 당연히 자본축적에 유리하겠지요.

사회적 노동생산력이 높아졌다는 것은 또한 동일한 가치로 더 많은 물건을 얻을 수 있다는 뜻입니다. 이는 자본가가 개인적 소비에 지출을 늘리지 않아도 더 많은 물건을 향유할 수 있다는 뜻이지요. 축적에 들어가는 돈을 줄이지 않고도 풍족한 생활을 누릴 수 있는 겁니다. 물론 노동자의 경우도 마찬가지입니다. 사회적 노동생산력이 높아지면 노동력의 가치가 떨어지기 때문에 잉여가치율이 높아지는 것이 일반적입니다. 하지만 노동력의 가치가 떨어졌다고 해도 생활수단의 가치 역시 그만큼 떨어지기 때문에 생활수준이 절대적으로 낮아지는 건 아닙니다. 심지어 자본가는 실질임금을 올려줄 수도 있습니다. 노동력의 가치보다는 높은, 그러나 노동생산력 증대분보다는 낮은 수준에서 임금을 올려줄 수 있는 거죠. 그렇게 하더라도 자본가는 더 많은 잉여가치를 얻으니까요(『임금에 관한 온갖 헛소리』, 102~104쪽). 사회 전반적으로 노동생산력이 증대하면 자본은 동일한 돈으로 더 많은 생산수단과 노동력을 이용할 수 있습니다. 더 많은 잉여가치를 얻을 수 있고요. 동일 규모의 자본으로 이전보다 더 많은 잉여가치를 얻는다는 건 그만큼 자본축적이 가속된다는 뜻입니다.[김, 825; 강, 827]

게다가 노동생산력 증대는 새로 추가된 자본만이 아니라 기존의 자본에도 영향을 미칩니다. 잉여가치에서 이제 막 자본으로 전환된 자본인 '추가자본'의 경우 노동력과 생산수단을 새로 구입할 것이므로 생산력의 증대 효과를 곧바로 누리겠지요. 똑같은 돈으로 더 많은 생산수단과 노동력을 구할 수 있습니다. 그런데 머지않아 '기존 자본'에도 동일한 효과가 나타납니다. 일정 시간이 지나면 기존 자본이 투자된 영역에서도 다 쓴 기계를 교체하겠지요. 그때 성능이 좋으면서도 저렴한 기계가 들어올 겁니다. 원료의 경우에는 더욱 그렇습니다. 원료는 바로바로 소진되기 때문에 기존 자본도 추가자본과 다름없이 원료 산업에서의 생산력 증대 효과를 누립니다.[김, 826; 강, 828]

앞서 노동력 착취도를 높이는 경우를 설명하면서 마르크스는 인간(노동력)과 자연(토지)이 지닌 생산의 탄력성 덕분에 착취도를 조금만 높여도 생산량을 크게 늘릴 수 있다고 했는데요. 두 번째 요인의 경우에는 '과학'과 '기술'이 그런 역할을 합니다. "단지 노동력의 긴장도(Spannung)를 높이는 것만으로도 자연적 부의 이용이 증가하는 것처럼, 과학과 기술은 현재 기능하고 있는 자본의 크기와 무관한 팽창 능력(Potenz seiner Expansion)을 만든다."[김, 826; 강, 828] 기계공학은 기계의 성능을 개량하고, 생물학과 화학은 작물과 토지를 개량합니다. 심지어는 폐기물조차 새로운 원료로 전환해줍니다. 이처럼 과학과 기술은 생산수단의 성능을 개량하고 이용 효율을 높임으로써 불변자본에 들어가는 비용을 크게 절약해줍니다. 자본축적에 기여하는 것이지요.

물론 노동생산력 증대는 기존 생산수단의 가치를 떨어뜨립니다. 새로운 기계가 발명되면 기존 기계에서는 물리적 마모와는 다른 '도덕적 마모'가 일어납니다(『자본의 꿈 기계의 꿈』, 73쪽). 원료 재고가 많이 쌓여 있는데 해당 원료를 생산하는 곳에서 생산력이 비약적으로 증대하는 경우, 자본가가 과거에 얼마를 주고 샀느냐와 무관하게 원료의 가치는 현재 수준으로 떨어집니다. 경쟁 중인 자본가에게는 예민한 문제죠. 시장에서는 아무도 그의 처지를 고려해주지 않으니까요. 그러나 이 경우에도 자본가는 충격을 혼자 떠안지 않습니다. "주요한 부담을 노동자에게 전가"하지요.[김, 826~827; 강, 829] 생산수단에서 상실한 경쟁력을 노동력 착취도를 높여 만회하는 겁니다. 가격경쟁력 확보를 위해 임금을 낮추거나 노동시간을 늘리거나 노동강도를 높이겠지요.

사회 전반에서 노동생산력이 증대하면 이는 상대적 잉여가치의 생산이라는 점에서도 자본축적에 기여하고 불변자본 절약이라는 점에서도 자본축적에 기여합니다. 그런데 자본축적에 기여하는 부분이 또 있습니다. 노동생산력이 증대했다는 것은 동일한 노동으로 더 많은 생산수단, 특히 더 많은 원료를 처리한다는 뜻입니다. 동일한 노동이 투입되었다면 새로 생산된 가치 즉 가치생산물($v+m$)은 똑같겠지요. 그러나 노동자가 보존하고 이전하는 가치량은 달라집니다.

우리는 노동자가 가치생산과정에서 새로운 가치를 첨가할 뿐만 아니라 과거의 가치를 생산물로 이전한다는 걸 알고 있습니다. 이를테면 방적공은 면사를 생산하면서 면화와 방추 속에 들어 있는 가치를 면사로 이전하지요. 노동생산력이 증대하면 노동자가 동일한 시간에 처리하는 생산수단의 양이 늘어납니다. 더 많은 면화와 방추를 사용하게 되지요. 노동과정을 다룰 때 마르크스는 '살아 있는 노동'의 무상의 선물에 대해 이야기한 바 있는데요(『생명을 짜 넣는 노동』, 47~50쪽 그리고 130~134쪽). 노동자의 손길이 닿으면 죽어가던 사물이 새로 태어나고(현물의 측면), 가치가 다른 사물로 옮겨가 영생을 누린다고(가치의 측면) 했습니다.

노동생산력 증대는 노동자가 자본가에게 무상으로 제공하는 이런 선물의 크기를 키워줍니다. 마르크스는 엥겔스의 글을 인용하는데요. 엥겔스에 따르면 1782년 영국에서는 노동력이 부족해 3년 동안 생산된 양모가 전부 재고로 쌓여 있었다고 합니다. 그런데 새로운 기계가 발명되어 그 양모를 모두 처리할 수 있었지요. 새로운 기계 발명으로 노동생산력이 비약적으로 높아졌기 때문에 별도의 노동력을 추가로 투입하지 않고도 과거의 가치를 새로운 생산물로 이전할 수 있었던 겁니다. 그 덕분에 양모에 투자된 자본은 썩어 사라질 위기를 넘기고 확대재생산 될 수 있었습니다. 사물을 살려내고 가치를 보존하고 첨가하는 노동의 마법적 능력이, 노동생산력의 발전, 특히 과학과 기술의 도움으로 더 크게 발휘된 덕분입니다. 하지만 자본주의에서는 이 모든 능력이 자본의 능력으로 나타나지요. 자본의 자기보존 능력, 자본의 힘으로 나타나는 겁니다.[김, 829~830; 강, 830~831]

　　　◦ 규모가 커지면 축적은 탄력을 받는다

마르크스가 세 번째로 언급한 요인은 '사용되는'(angewand-tem) 자본과 '소모되는'(konsumiertem) 자본의 차이입니다. 마르크스는 똑같은 생산수단이어도 생산과정에서 원료와 노동수단의 소비 양상이 다르다는 점을 지적한 바 있는데요(『생명을 짜 넣는 노동』, 127~128쪽). 원료나 보조자재(기름 등의 소모품)는 생산과정에서 사용되는 동시에 형태를 잃어버리지만 공구나 기계, 건물 같은 노동수단은 형태를 유지한 채로 조금씩 마모되면서 가치를 이전한다고 했습니다. 전자를 '유동자본', 후자를 '고정자본'이라고 했지요(『생명을 짜 넣는 노동』, 131쪽).

　　그런데 자본의 규모가 커질수록 고정자본의 크기가 커집니다.[김, 830, 강, 831~832] 마르크스는 건물, 기계, 배수관, 역축, 각종 장치를 예로 들었지만, 총자본의 관점에서 보면 생산의 인프라가 되는 도로, 철도, 항만, 요즘에는 초고속정보통신망 같은 것이 모두 해당합니다. 이런 고정자본은 생산과정에서 몸뚱이 전체를 움직이지만 가치는 부분적으로만 넘깁니다. 사용은 전체적으로 이루어지만 소비는 부분적으로 이루어진다고 할 수 있습니다. 아주 서서히 마모되면서 조금씩 자신의 가치를 생산물로 넘기지요. 이 차이가 크면 클수록, 즉 사용되는 것과 소비되는 것의 차이가 크면 클수록, 자본가에게는 '자연력처럼' 느껴집니다. 햇빛이나 물, 공기처럼 무상으로 제공되는 듯 느껴지지요(공공재산을 투입한 경우에는 더 그렇겠지요).

마르크스는 리카도가 '기계'를 '자연력'과 동일시한 것, 즉 기계는 무상으로 일하며 생산물에 아무런 가치도 더하지 않는다고 본 것은 잘못이지만 리카도가 그렇게 말한 맥락은 이해할 만하다고 했습니다. 대공장에서 사용하는 '기계'는 매뉴팩처 작업장에서 쓰는 '도구'보다 훨씬 비싸지만 생산량이 압도적으로 증대하기 때문에 개개 생산물에 이전되는 가치는 훨씬 작습니다(『자본의 꿈 기계의 꿈』, 47~48쪽). 고속도로를 예로 들어볼까요. 고속도로 건설에는 막대한 비용이 들어갑니다. 이 비용은 수십 년간 이 도로를 이용한 모든 상품의 가치에 조금씩 반영될 겁니다. 얼마나 많은 물량이 이 도로를 통과했을까요. 어마어마할 겁니다. 이 때문에 개개 상품에 반영된 도로 건설비는 거의 무시해도 좋을 정도일 겁니다. 고속도로는 거의 "무료 봉사"를 했다고 할 수 있지요.[김, 830; 강, 832]

자본의 규모가 커지면 이처럼 '사용되는' 자본과 '소비되는' 자본의 차이가 커집니다. 실제로 이런 고정자본이 갖추어지려면 상당한 정도의 자본축적이 필요합니다. 그런데 일단 갖추어지면 이번에는 대규모 자본축적을 돕습니다.

물론 우리는 이렇게 축적된 자본이 과거 노동의 축적임

을 압니다. 거대한 기계장치, 도로, 철도, 항만, 통신 등등이 모두 그렇습니다. 마르크스는 아주 재밌는 표현을 썼습니다. "과거의 노동은 언제나 자본으로 분장(verkleidet)"한다고, "A, B, C 등등의 노동에 대한 부채(Passivum)가 비노동자 X의 자산(Aktivum)으로 분장"한다고요.[김, 830; 강, 832] 실제로는 과거 노동자들에게 지불하지 않은 노동이 축적된 것인데(대차대조표에서 Passivum 즉 부채 항목에 적어야 하는 것인데) 분장을 해서 비노동자인 자본가의 재산인 것처럼 보이게 했다는 겁니다(대차대조표에서 Aktivum 즉 자산 항목에 적었다는 거죠). 그래서 노동자는 그것을 알아보지 못합니다. 거기 들어 있는 과거 노동자의 목소리를 듣지 못하는 겁니다. 오히려 과거 노동자보다는 현재의 자본가를 느끼지요(『생명을 짜 넣는 노동』, 40~47쪽).

그런데 과거 노동이 자본가의 것이라는 점에 착안해 이윤과 이자를 정당화하는 경제학자들이 나타났습니다. 이들에 따르면 노동과정이란 노동자의 살아 있는 노동과 자본가의 재산인 과거 노동(생산수단)이 협력하는 것입니다. 현재의 노동이 노동자의 재산이라면 과거의 노동은 자본가의 재산입니다. 둘이 협력해 생산물을 만들어냈다면 노동자가 현재 노동의 대가를 받는 것처럼 자본가도 과거 노동에 대한 대가를 받아야지요. 스코틀랜드의 경제학자 맥컬럭이 이런 식으로 이윤과 이자를 정당화했습니다. 시니어가 자본가의 이윤을 절욕에 대한 대가라고 했다면 맥컬럭은 현재 노동과정에 참여

하는 과거 노동에 대한 대가라고 본 것이지요.[김, 830, 각주 49; 강, 832, 각주 61]

"뭐 눈에는 뭐만 보인다"라고 했던가요. 노예소유자는 노동자를 자신이 노예를 이해한 것처럼 이해할 겁니다. 그런 것처럼 마르크스는 자본가가 기계(생산수단)를 자본과 분리해서 볼 줄 모른다고 꼬집습니다. 기계가 고정자본으로 기능하는 것은 기계가 '자본주의적으로 사용'되기 때문이지요("과거 노동의 자본주의적 형태"). 기계가 자본의 '가면'(Charaktermaske)을 쓰고 있다고, 그런 분장을 하고 있다고요. 그러나 지난번에도 말한 것처럼 기계와 자본을 동일시하면 안 됩니다(『자본의 꿈 기계의 꿈』, 208~212쪽).[김, 831; 강, 832]

이야기가 옆길로 빠졌는데요. 마치 자연력처럼 자본축적에 거의 무상으로 봉사하는 거대 장치나 설비들이 사실은 노동자에게 지불하지 않은 과거 노동이 축적된 것이며, 자본주의가 아니라면 자본으로서 기능할 이유가 없다는 점을 지적하느라고 그랬습니다. 이야기를 본래의 궤도로 돌려놓자면, 자본의 규모가 커지면 이런 거대 장치와 설비 등을 갖출 수 있고 이런 게 갖추어지면 축적의 규모는 더욱 증가한다는 점을 지적한 겁니다.

마르크스가 마지막, 네 번째로 언급한 요인은 '투하 자본의 크기'입니다. 조금 전에도 자본의 규모가 커지면 축적에 유리한 상황이 조성된다는 이야기를 했는데요. 일반적으로 투자가 커지면 잉여가치 생산량이 늘어납니다. 착취도가 일정하다면 잉여가치 생산량을 좌우하는 것은 노동자의 수입입니다. 투자가 늘어나면 고용이 늘어날 겁니다(자본의 가치 구성 즉 가변자본과 불변자본의 구성이 어떻게 되느냐에 따라 고용의 증가폭은 달라집니다). 그러면 잉여가치 생산량도 늘어나겠지요. 잉여가치가 늘어나면 자본가로서는 개인적 소비와 자본축적에 쓸 돈을 동시에 늘릴 수도 있습니다. "더 사치스럽게 살면서도 더 '절욕'할 수 있"는 것이지요. 투자 자본이 커지면 생산규모가 커질 거고요. 그러면 마르크스의 비유처럼 "생산의 모든 용수철(Springfedern)이 더 힘차게 작용"할 겁니다.[김, 831; 강, 832] 마치 제 안에 용수철이라도 있는 듯 자본이 팽창한다는 이야기죠.

6

'노동자계급의 밥그릇'에 대한 엉터리 도그마

노동자는 삶이 조금이라도 나아지면 안 되는
무슨 천형을 선고받은 존재가 아닙니다.
자본이 고정된 크기가 아니듯
노동자의 임금 총액도
고정되어 있어야 할 이유가 없습니다.
노동생산력 증대로 잉여가치 생산이 늘어난 경우
노동자들은 투쟁을 통해 늘어난 잉여가치의 일부를
임금으로 요구할 수 있지요.
노동생산력이 증대했다는 것은
노동자들이 그만큼 더 많은 능력을
발휘했다는 뜻이니까요.
노동기금은 얼마든지 커질 수 있습니다.

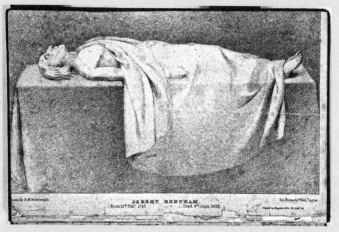

헨리 홀 피커스길, "해부를 위해 공개된 벤담의 유골", 1832.
벤담은 자본가와 노동자의 노동력 거래가 "사물들의 예정조화에 따라
또는 빈틈없는 섭리의 보호 아래서, 오로지 서로가 이득을 얻고,
공동체에 유익하며, 전체의 이익이 되는 일을 수행하는 것"이라고 했다.
그러나 마르크스는 이렇게 말하는 공리주의자 벤담을 두고
모든 행동을 이익의 관점에서만 바라보는 "속물의 원형"이라고 비난했다.

자본축적에 대한 묘사를 보면 마르크스가 자본을 얼마나 역동적으로 이해하는지 알 수 있습니다. 그는 자본축적을 벽돌 쌓기처럼 그리지 않았습니다. 노동력에 대한 착취도가 늘어나고 노동생산력이 증대함에 따라 동일 규모의 자본은 더 큰 추가자본을 만들어냅니다. 그뿐 아니라 기존에 쌓여 있던 자본도 죽은 채로 그냥 있지 않고 계속 운동하는데 추가자본을 만들어내는 능력이 변화합니다. 마르크스가 팽창력이니 탄력성이니 용수철이니 하는 말을 쓰는 것은 자본축적의 이런 면모를 어떻게든 드러내기 위해서죠.

° 자본은 용수철 신발을 신었다

제22장의 마지막 절에서도 마르크스는 이 점을 환기하고 있습니다. 자본은 결코 고정된 크기가 아니라 잉여가치를 어떻게 분할하느냐에 따라, 즉 얼마만큼이 추가자본으로 바뀌느냐에 따라 크기가 계속 변합니다. 게다가 자본은 매우 '탄력적'(elastischer)입니다. 특정 시점에 자본의 일정한 크기, 이를테면 '현재 기능하는'(fluktuierender) 자본의 크기를 말할 수 있다고 해도 이 크기는 매우 탄력적인 것임을 알아야 합니다. 자본에는 비유컨대 용수철이 내장되어 있습니다. 크기가 일정할 때조차 곧 팽창할 수 있는 잠재력(Potenzen)이 있는 겁니다.[김, 831; 강, 833]

마르크스는 자본에 팽창력을 제공하는 요소를 몇 가지 제시했습니다. 노동력과 토지(자연), 과학과 기술이 그렇습니다. 자본의 용수철들이라고 할 수 있지요. 이런 용수철 덕분에 자본은 자신의 크기를 넘어[활동범위(Spielraum)를 넘어] 움직일 수 있습니다.[김, 832; 강, 833] 예전에는 이 정도의 자본으로는 이 정도의 생산규모를 유지할 수 있었는데, 용수철을 탑재한 덕분에 이제는 동일한 자본으로 생산규모를 훨씬 더 키울 수 있습니다. 아주 멀리까지 뛰어다닐 수 있는 것이지요.

사실 용수철의 종류는 더 많습니다. 『자본』 I권은 자본의 생산만을 다루기 때문에 생산에 관련된 용수철만 제시한 겁니다. 노동력, 토지, 과학, 기술은 모두 생산력을 높이는 요소들이죠. 그런데 자본축적에 탄력성을 더하는 요소들은 유통영역에도 있습니다. 이를테면 유통시간을 단축시키는 요소들이 그렇습니다. 유통시간을 줄일 수 있다면 자본의 회전이 더욱 빨라질 겁니다("유통시간 없는 유통"은 자본의 꿈이지요[35]). 그리고 회전속도가 올라가면 축적에 가속이 붙습니다. 1000만 원을 1년 동안 한 번에 굴리는 것보다 500만 원으로 두 번 굴릴 때가 잉여가치 생산에 유리합니다. 이윤율이 10퍼센트라면 1000만 원을 한 번 굴리면 잉여가치가 100만 원 생깁니다. 하지만 500만 원을 두 번 굴리면 잉여가치가 105만 원이 되지요(두 번째 굴릴 때는 투자액이 550만 원으로 늘어나 잉여가치가 55만 원이 되니까요). 동일 규모의 자본이라면 회전속도가 높을수록 빨리 불어납니다. 이처럼 자본의 회전속도를 높여주는 유통영역의 요인은 자본축적의 또 다른 용수철입니다(이런 요소는 『자본』 II권에서 다룹니다).

우리는 자본의 탄력성을 배가하는 용수철을 다른 영역에서도 찾아낼 수 있습니다. 대규모 자본을 사회적으로 쉽게 동원할 수 있게 해주는 금융 및 신용제도(주식, 채권, 은행, 투자회사 등등)도 그런 용수철이지요. 이것들은 도로와 철도, 항만, 통신 시설 등 대규모 투자가 필요한 생산 인프라를 구축할 수 있게 해줍니다. 자연력처럼 이용할 수 있는 생산수단이 생기는 거죠. 개별 자본가들도 이런 제도를 활용하면 큰 규모의 자본을 동원할 수 있습니다. 자기 자본보다 몇 배나 큰 자본을 굴릴 수 있죠. 규모의 효과를 누리는 겁니다. 투하 자본이 커지면 앞서 말한 것처럼 "생산의 모든 용수철이 더욱 힘차게 작용"하기 때문에 축적에 유리합니다(이런 요소는 『자본』 III권에서 다룹니다).

◦ 노동자의 수프 접시 크기는 정해져 있다?

그런데 고전파 경제학은 사회적 자본의 크기(Größe)와 작용 범위(Wirkungsgrad)를 고정된 것으로 보는 경향이 있습니다. [김, 832; 강, 833] 마르크스에 따르면 이것을 하나의 '도그마'로 만든 사람이 제러미 벤담(Jeremy Bentham)입니다. 마르크스는 벤담을 '속물의 원형'(Urphilister)이라고 비난했습니다. 심지어 벤담을 비난하는 긴 주석까지 달았습니다. 그는 벤담을 "순전히 영국적인 현상"이라고 불렀습니다. 그의 공리주의는 이익이나 따지는 "근대의 속물 특히 영국의 속물들을 정상적인 인간"으로, 표준적 인간으로 상정하고 있다고도 했습니다.

마르크스에 따르면, '인간본성'에 대한 이해도 부족하고 이 '인간본성'의 역사적 변천에도 둔감한 이 우둔한 인물은 하필 용감하기까지 해서 아무런 주저함도 없이 자기 엉터리 척도를 과거, 현재, 미래에 마구 적용합니다.[김, 832, 각주 51; 강, 833, 각주 63]

정말로 벤담에 대한 분노가 가득한 주석입니다. 이전 책에서 나는 이 주석의 내용을 언급한 적이 있습니다. 자본가와 노동자가 만나서 노동력을 거래하는 장면에서 마르크스가 '자유, 평등, 소유'와 함께 '벤담'이라는 이름을 말했을 때입니다. 그때 나는 벤담이 떠올린 인간이 근대인간의 이념형이며, 근대의 통계학 및 정치경제학(특히 '추상노동' 개념)이 전제하는 인간이라고 지적한 바 있지요(『성부와 성자』, 152~156쪽).

벤담에 대해서는 여러 가지를 말할 수 있겠지만 지금 다루는 문제에 국한해서 이야기를 해보죠. 마르크스는 벤담이 사회적 자본의 크기가 고정된 것처럼 다루었다고 했는데요. 이런 식으로 이해하면 자본생산과정에서 흔히 볼 수 있는 생산의 확대나 수축, 축적을 설명할 수 없습니다. 전체 자본의 크기가 고정된 상황에서 생산의 확대가 일어나려면, 방법은 모르겠지만, 생산에 투입할 추가 생산요소들이 있어야 합니다. 이는 '생산이 늘어나려면 생산이 먼저 늘어나 있어야 한다'라고 말하는 것과 같습니다. 아주 불합리한 말이지요. 그래서 생산 증가는 이들의 논리상 불가능합니다.[김, 833, 각주 52; 강, 834, 각주 64]

그러나 현실에서 생산 증가는 일반적 현상입니다. 자본 축적도 일어나고 있고요. 한마디로 사회적 자본을 고정된 크기로 보는 주장은 엉터리입니다. 그러나 엉터리 주장은 엉터리임이 밝혀진다고 해서 사라지지 않습니다. 이데올로기적 효용이 있을 때는 특히 그렇지요. 마르크스에 따르면 이 엉터리 '도그마'는 자본가들의 이익을 옹호할 목적("변호용 목적")으로 악용되었습니다. 이 도그마를 자본 전체가 아니라 자본의 한 부분인 '가변자본'에만 적용한 겁니다. 가변자본은 자본 중에서 노동력에 투자되는 부분입니다. 그러니까 사회적 자본 중 노동력에 투자되는 부분의 크기는 정해져 있다는 이야기죠. 전체 생산물에서 전체 노동자가 소비할 수 있는 생활 수단의 양(노동기금)에는 "자연의 사슬(Naturketten)이 채워져 있어 [정해진 양을] 넘어설 수가 없다"라는 겁니다. 맬서스, 밀, 맥컬럭 등이 이런 주장을 폈습니다[김, 833; 강, 834](참고로 마르크스는 이 도그마와 관련해서는 밀을 비판했지만, 밀을 속류 경제학 변호론자들과 한 무리로 보는 것은 옳지 않다는 점을 주석에 밝혀두었습니다[김, 834, 각주 53; 강, 835, 각주 65]).

생산을 위해서는 노동력이 필요합니다. 그런데 이 '도그마'의 주창자들에 따르면 노동자에게 줄 수 있는 기금은 정해져 있습니다. 노동기금은 자연법칙에 따라 결정된 것처럼 고정된 값입니다. 사회의 기술 수준에 따라 전체 생산에 필요한 노동량도 정해져 있습니다. 하지만 노동자 수는 정해져 있지 않고, 노동력의 착취도도 정해져 있지 않으며, 무엇보다 개별 노동력의 가격도 정해져 있지 않습니다.[김, 833~834; 강, 834~835] 이런 상황에서 어떤 결론이 도출될 수 있을까요. 요즘에도 많이 나오는 이야기들이지요. 고용을 늘리려면 임금을 낮추어야 한다거나, 부모 세대 임금을 깎아야 자식 세대를 고용할 수 있다거나, 정규직 임금 인상을 막아야 비정규직 임금 인상이 가능하다거나 하는 식의 이야기 말입니다(참고로 'fund'를 여기서 '기금'이라고 옮겼는데요. 이렇게 '기금'이라고 옮기면 '돈'의 의미가 담기기 때문에, '노동기금'(labor fund)은 '돈'이 아니라 '생활수단의 양'으로 표시한다는 말이 이상하게 들릴 겁니다. 본래 'fund'는 이용 가능한 '일정량의 물자'를 가리켰는데요, 점차 '일정량의 돈'이라는 의미로 쓰이게 되었습니다. 19세기 정치경제학자들이 'labor fund'를 말할 때는 노동자 전체가 필요로 하는 생활수단의 총량을 의미합니다).

마르크스는 노동기금을 고정된 크기로 간주하는 도그마의 밑바탕에는 두 가지 사실이 전제되어 있다고 말합니다. 하나는 노동자가 사회 전체의 부 중에서 얼마만큼을 개인적 소비(특히 자본가의 개인적 소비)에 할당하고 얼마만큼을 생산수단에 할당할지를 결정하는 자리에 낄 수 없다는 겁니다. 노동기금은 정해져 있고 노동자는 그 안에서만 자기 몫을 계산하면 된다는 거죠. 사회 전체의 부에서 생산에 얼마를 투자해야 하는지에 대한 결정에는 참여할 수도 없고 참여할 필요도 없다고 보는 거죠. 노동자의 배제를 당연시하는 겁니다. 또 하나 전제된 사실은 노동기금은 "운이 좋은 예외적 경우에만 부자의 '수입'을 희생시켜" 확대될 수 있다는 겁니다. 어떤 특별한 사태 속에서든, 아니면 자본가계급의 거의 불가능해 보이는 '선의'를 통해서만 임금 총액이 늘어날 수 있는 거죠.[김, 834; 강, 835]

요컨대 사회 전체의 노동기금이 정해져 있다는 도그마를 주장하는 사람들은 노동자를 이런 눈으로 보는 겁니다. 노동자는 사회 전체 생산물 중 생산에 얼마를 투자해야 하는지(혹은 자본가가 개인적으로 얼마나 가져갈 수 있는지) 정하는 자리에 감히 끼어들 수 없고, 아주 예외적인 경우에만 노동기금 전체가 늘어나는 행운을 누릴 수 있다고.

○ 노동자들의 숟가락이 작은 것

도대체 노동기금은 어떻게 정하는 걸까요. 마르크스는 한 부르주아 경제학자의 계산법을 소개합니다. 케임브리지 경제학 교수 헨리 포셋(Henry Fawcett)에 따르면 "한 나라의 유동자본이 그 나라의 노동기금"입니다. 포셋이 '유동자본'이라고 부른 것은, 마르크스의 용어로 말하면 '가변자본'입니다.[김, 834, 각주 54; 강, 836, 각주 67] 개별 노동자의 임금을 더한 가변자본의 총액이 노동기금인 셈입니다. 포셋은 이 총액을 노동자 수로 나누면 노동자 한 사람에게 지급되는 평균임금이 나온다고 했습니다. 뭔가 대단한 학설을 주장한 것 같지만 사실은 동어반복입니다. 가변자본 총액이란 개별 노동자들의 임금을 더한 값인데, 그렇게 구한 값을 다시 노동자 수로 나누면 당연히 개별 노동자의 임금(평균임금)이 나오겠지요. 특별할 것도 없는 이야기를 마르크스의 말마따나 '아주 교활한 수법'으로 포장했습니다.[김, 835; 강, 835~836]

그런데 저 도그마 주창자들의 말처럼 노동기금의 크기는 고정된 값일까요. 불행히도 많은 노동자가 그런 생각을 갖습니다. 사회 전체적으로 임금 총액이 대체로 정해져 있다고 말이죠. 그러다 보니 개별 노동자들이 받은 임금을 더한 값에 불과한 총액이 역으로 노동자들 개인이 받아야 할 임금을 규제하는 원리인 것같이 됩니다. 전체 총액은 정해져 있으니 고용을 늘리려면 개별 노동자의 임금을 낮춰야 하고, 청년 세대의 취업을 위해서는 부모 세대 노동자들의 임금을 낮춰야 하며, 비정규직 노동자들을 위해서는 정규직 노동자들의 임금을 낮추어야 한다는 주장이 먹히는 거죠.

마르크스가 『자본』을 쓰던 때에도 그랬습니다. 인터내셔널 회합에 참여한 사회주의자들 중에도 이런 주장을 펴는 사람들이 있었지요. 그중 한 사람이 이전 책에서 언급한 영국의 사회주의자 존 웨스턴(John Weston)입니다(『거인으로 일하고 난쟁이로 지불받다』, 214~215쪽). 웨스턴은 노동자들이 받을 수 있는 임금 총액을 수프 접시에 비유했습니다. 노동자들이 떠먹을 수 있는 수프 접시의 크기는 정해져 있다고요. 그에 따르면 일정한 사람이 일정한 양만큼 가져갈 수 있을 뿐입니다. 노동자 수가 정해지면 각각의 임금도 정해집니다. 더 큰 숟가락을 들고 와봐야 의미가 없습니다. 열 번 퍼낼 것을 다섯 번에 퍼내는 것과 같지요. 양은 변함이 없습니다. 명목적으로야 임금을 올릴 수 있겠지만 그 돈으로 살 수 있는 상품의 양은 그대로라는 겁니다. 임금 인상 투쟁이 큰 의미가 없다는 말을 그렇게 돌려서 한 것이지요.

마르크스는 웨스턴의 주장을 강하게 비판했습니다. 마르크스에 따르면 노동자는 노동자들끼리만 떠먹어야 하는 접시에서 수프를 떠먹는 게 아닙니다. 노동자들이 떠먹는 수프는 전체 국민의 노동생산물 즉 사회 전체 부의 일부입니다. 바로 이 접시에서 노동자들이 더 많이 떠내지 못하는 것은 그 접시가 작기 때문도 아니고 접시 속 내용물이 빈약해서도 아닙니다. 단지 노동자들이 자기 몫을 떠내는 "숟가락이 작기 때문"이지요.[36]

어떤 사회의 어떤 시점에서는 노동력의 가치가 정해져 있는 게 아니냐고, 그렇다면 임금 총액도 정해져 있는 게 아니냐고 물을 수 있습니다. 그렇습니다. 노동력을 재생산하는 데 사회적으로 필요한 가치(노동자들이 노동력을 재생산하기 위해 필요로 하는 생활수단의 가치)를 계산할 수 있지요. 원리상은 그렇습니다. 그런데 현실에서는 정확한 값을 구하기가 쉽지 않습니다. 어떤 폭이 있지요. 육체적 능력만이 아니라 정신적 능력의 재생산을 고려해야 하고, 자연적·역사적·문화적·도덕적 요소들도 고려해야 하니까요. 거기에 다음 세대의 양육과 교육까지 고려해야 합니다(『성부와 성자』, 130~131쪽). 어떤 요소들을 얼마만큼 고려할 것인가에는 계급투쟁이 개입합니다.

잉여가치(이윤)를 최대로 뽑아내기 위해 자본가는 노동력의 가치를 육체적 재생산만 고려한 최소 수준으로 낮추려 할 것이고 노동자는 그 반대 방향으로 최대한 올리려 할 테니까요. 현실적으로 노동력의 가치는 두 계급의 힘 관계가 어떻게 되느냐에 따라 결정됩니다.[37]

그런데 더 중요한 것은 노동력의 가치를 계산할 수 있다 해도 노동자가 꼭 그만큼만 받아야 한다는 뜻은 아니라는 점입니다. 노동자는 그 삶이 조금이라도 나아지면 안 되는 무슨 천형을 선고받은 존재가 아니니까요. 자본이 고정된 크기가 아니듯 노동자의 임금 총액도 고정되어 있어야 할 이유가 없습니다. 노동생산력 증대로 잉여가치 생산이 늘어난 경우 노동자들은 투쟁을 통해 늘어난 잉여가치의 일부를 임금으로 요구할 수 있지요. 노동생산력이 증대했다는 것은 노동자들이 그만큼 더 많은 능력을 발휘했다는 뜻이니까요. 자본가가 노동자들의 협력을 끌어내기 위해 내놓든, 노동자들의 투쟁이 자본가들을 압박한 결과이든 노동기금은 얼마든지 커질 수 있습니다. 노동기금은 무쇠로 된 값이 아닙니다.

그렇다고 노동기금이 한없이 커지는 것도 아닙니다. 대개는 잉여가치의 증가를 크게 저해하지 않으면서 실질임금이 조금 올라가는 수준이죠. 지난 책에서 우리는 이런 경우를 검토했습니다(『임금에 관한 온갖 헛소리』, 103쪽). 노동생산력이 증대하면 노동력의 가치가 떨어지지만(생활수단이 저렴해지니까요), 노동자들이 저항을 통해 그 떨어진 가치보다는 높은 임금을 받을 수 있다고요.

마르크스는 노동자들이 생산력 증대로 일어난 노동력의 가치 하락에 맞서 싸우는 것에 대해 이렇게 말했습니다. "노동자가 이러한 상대적 임금의 하락에 저항하는 것은 그 자신의 노동생산력이 증대한 결과에 대한 일정한 몫을 요구하는 데 지나지 않으며, 또 사회적 계층에서 자신의 기존 사회적 지위를 유지하려고 하는 데 지나지 않을 것이다."[38] 임금 인상 투쟁이라는 게 그렇게 대단한 요구가 아니라는 겁니다. 노동생산력 증대로 잉여가치가 크게 늘어났으니 약간의 몫을 달라는 겁니다. 그래서 사회에서 상대적 지위를 계속 유지할 수 있게 해달라고요. 절대적 차원에서야 예전만큼 먹을 수 있고 예전보다 더 먹는 것일 수도 있지만, 사회 전체의 생활수준 향상을 고려하면 상대적 지위는 더 뒤처질 수도 있거든요. 노동생산력 증대로 잉여가치가 늘어나면 부의 양극화가 심화되는 경향이 있습니다. 자본가계급과의 부의 상대적 격차가 더욱 확대되지요.

자본주의에서 자본가계급과 노동자계급의 힘 관계는 대칭적이지 않습니다. 자본가계급이 권력을 쥐고 있지요(이것은 우리 시리즈의 다음 책에서 중심 주제이기도 합니다). 그래서 노동자계급의 투쟁은 저항적이고 방어적일 수밖에 없습니다. 마르크스는 말합니다. 임금 인상 투쟁의 99퍼센트는 기존의 가치라도 유지하려는 투쟁이라고. 게다가 이 투쟁의 기본 성격은 노동력을 파는 것 말고는 살길이 없는 노동자가 자신이 가

진 유일한 상품인 노동력의 가격을 제대로 받아보려는 것이라고.[39]

그런데 노동자들이 이런 노력, 이런 투쟁을 자제해야 할까요? "자본의 약탈적 침해에 대한 투쟁을 포기해야 하며 자기 처지의 일시적 개선을 위한 기회를 이용하려는 시도를 중지해야" 할까요? 마르크스는 단호하게 말합니다. "만약 노동자들이 그렇게 행동한다면 그들은 더 이상 구제할 수 없는 가련한 무리로 전락할 것이다." 약탈에 저항할 줄 모르고, 조금 나아질 수 있는 기회조차 이용하지 못한다면 노동자계급에게는 아무런 가망도 없다는 겁니다. "자본과의 일상적 충돌에서 비겁한 양보"가 계속된다면, "노동자들은 더 큰 운동을 시작할 자격을 스스로 잃어버리는 것"과 같습니다.[40]

그렇다고 마르크스가 임금 인상 투쟁을 마냥 칭찬한 것은 아닙니다. 이 투쟁은 불가피한 것이고 또 당연한 것이지만 이 투쟁에 매몰되는 것은 위험합니다. 마르크스는 이 투쟁의 성과를 과대평가해서는 안 된다는 말도 덧붙였습니다. 이것은 "결과에 대한 싸움"이지 "이런 결과를 낳은 원인에 대한 싸움"이 아니니까요. 마르크스는 노동조합에 대해 경고했지요. "노동조합은 자본의 침탈에 대한 저항의 중심"이지만, "그 조직된 힘을 노동자계급의 최종적 해방 즉 임금 체계의 궁극적 철폐에 사용하지 않"고, "현존 체계의 결과에 맞서는 게릴라전을 수행하는 것으로 한정한다면" 실패할 것이라고. 마르크스는 '정당한 노동일에 대한 정당한 임금을!'이라는 표어를 보수적이라고 했습니다. 노동자들은 이런 보수적 표어 대신 "자신들의 현수막에 '임금 체계의 폐지'라는 혁명적 구호를 써 넣어야" 한다고 했지요.[41] 노예가 사슬은 그대로 둔 채로 그것을 조금 느슨하게 만드는 데만 신경 써가지고는 해방이 될 수 없으니까요.

기분 전환을 위해 한마디 하자면, 노동기금에 대한 지금까지의 이야기는 여기가 자본주의사회임을 전제한 것입니다. 노동기금의 한계라는 것은 다름 아닌 자본가계급이 허용하는 한계인 것이지요. 실상은 '자본주의적 제약'인데, 노동기금이 고정되어 있다는 도그마의 주창자들은 그것을 사회적 수준에서 이루어지는 '자연적 제약'으로 개작한(umdichten) 겁니다.[김, 834; 강, 835] 우리가 자본주의에 살지 않는다면, 잉여생산물 중 얼마만큼을 생산에 투자하고 얼마만큼을 생산자들(사회구성원들)이 소비할 것인지, 그리고 다음번에는 무엇을 얼마만큼 생산할지를 함께 결정할 수 있겠지요. '노동자 주제에 감히 어디 끼어드느냐' 하는 미개한 발상이 존재하던 이 시대를 부끄러워할 때가 올 겁니다.

◦ 드디어 찾아낸 범인, 심판의 법정이 곧 열린다

이렇게 해서 자본의 재생산에 관한 이야기가 모두 끝났습니다. 나는 우리 시리즈를 시작하면서 『자본』을 추리소설에 비유했습니다(『다시 자본을 읽자』, 144쪽). 그러나 개인의 범죄를 쫓는(혹은 범죄를 개인화하는) 일반적 추리소설과는 다르다고 했습니다.『자본』에서 마르크스가 추적하는 범죄는 체제를 위협하는 개인의 범죄가 아니라 체제 자체가 저지르는 범죄입니다.『자본』에서 어떤 개인의 범죄가 문제 된다면 그것은 그가 사회질서를 파괴할 때가 아니라 구현할 때입니다. 이를테면 자본가는 '인격화된 자본'으로서, '인간의 탈을 쓴 자본'으로서 행동할 때 노동자를 착취하고 약탈합니다. 마르크스가 추적하고 고발하는 범죄는 바로 이것입니다. 자본의 범죄이고 자본주의의 범죄이지요. 자본의 재생산을 다루면서 우리는 드디어 '자본주의'라는 범죄자를 만났습니다(아직 그 죄상이 충분히 드러난 것은 아닙니다만). 개별 자본가조차도 하나의 톱니바퀴에 지나지 않는 거대한 착취와 예속의 기계가 정체를 드러냈습니다.

시리즈 4권의 마지막 장면이 생각납니다. 우리는 마르크스를 따라 자본증식의 비밀, 착취의 비밀이 숨겨진 장소를 찾아 나섰습니다. 마르크스는 우리에게 '소란스러운 유통영역'을 떠나 '은밀한 생산의 장소'로 들어가야 한다고 했습니다 (『성부와 성자』, 157~158쪽). 그런데 시리즈 10권에 이른 지금 우리는 모든 장소가 자본주의의 은밀한 장소라는 걸 깨닫게 됩니다. '관계자 외 출입금지'의 영역만이 아니라 모두에게 열려 있는 영역에도 자본의 증식과 축적의 비밀이 들어 있습니다. 천부인권과 정의의 나팔소리가 울려 퍼지는 에덴동산 (유통영역)도 착취의 장소, 범죄의 장소였던 것이지요.

똑같은 풍경이 이제는 완전히 다르게 보입니다. 화폐소

유자인 자본가와 노동력소유자인 노동자가 만나는 장면도 이제는 '상품의 매매 현장'으로 보이지 않습니다. 매매란 구매자가 자기 재산을 지불함으로써 판매자의 물건을 획득하는 것입니다. 그런데 우리는 자본가가 노동력에 지불하는 돈이 노동자가 생산해서 건넨 노동력의 가치라는 것, 즉 노동자는 오늘 자본가가 자신에게 지불할 돈을 어제 그에게 건네주었다는 것을 알게 되었습니다. 구매자가 판매자에게 받은 돈으로 판매자의 물건을 사는 꼴입니다. 더 나아가 우리는 자본이라는 것 자체가 노동자에 대한 지불 없이 취한 노동의 집적물이라는 것, 다시 말해 등가물과의 교환 없이 취한 노동자의 노동이라는 것을 알게 되었습니다. 자본주의에서 상품은 등가교환을 통해 얻지만 자본 자체는 등가교환 없이 얻은 것입니다.

그런데도 노동자는 자본가를 계속해서 찾아갑니다. 이런 불합리한 상황에서 도망칠 법도 한데 또 돌아옵니다. 한 자본가로부터 도망칠 수는 있지만 자본가계급으로부터 도망칠 수는 없습니다. 처음 그 자리에 그는 다시 섭니다. 그는 또 자기 노동력을 팔지 않으면 안 되는 상황에 놓여 있습니다. 이러한 배치, 이러한 세팅에서는 어떻게 할 수가 없습니다. 마치 말뚝에 매인 가축처럼 노동자는 이 운명을 벗어나기가 어렵습니다. 일을 해야만 여물을 얻을 수 있고 여물을 먹었으면 다시 일을 해야 합니다. 그도 그렇고 그의 자식도 그렇습니다.

세상에 어떻게 이런 끔찍한 범죄가 있는가. 이는 어떤 개인을 두고 하는 이야기가 아닙니다. 세상에 어떻게 이런 끔찍한 약탈이 있는가. 이것은 일을 시키고 여물을 제대로 주지 않았다는 뜻이 아닙니다. 적은 양의 여물이 아니라 가축화를 문제 삼는 거죠. 마르크스가 분노하는 것은 노동자들을 포섭하고 있는 이런 운명, 이런 관계, 이런 배치, 이런 세팅입니다.

이번 책에서 마르크스는 벤담을 강하게 비난했습니다. 사실상 욕설을 퍼부었다고 할 수 있지요. 마르크스는 '노동기금'에 대한 벤담의 생각을 비난하면서 틀림없이 제4장(영어판은 제6장)의 노동력 거래 장면 또한 떠올렸을 겁니다. 마르크스는 그때도 '자유, 평등, 소유'라는 말과 함께 '벤담'을 거명했습니다. 모든 행동을 이익의 관점에서 바라보는 이 속물은 자본가와 노동자의 노동력 거래가 "사물들의 예정조화에 따라 또는 빈틈없는 섭리의 보호 아래서, 오로지 서로가 이득을 얻고, 공동체에 유익하며, 전체의 이익이 되는 일을 수행하는 것"이라고 했습니다.[김, 232; 강, 262] 마르크스가 비꼬아 말한 것처럼 "모든 것이 최선인 상태"라는 거죠(『생명을 짜 넣는 노동』, 102쪽). 그런데 노동자들의 운명, 노동자 아브라함과 노동자 이삭, 노동자 야곱으로 이어진 운명을 보고도 마르크스가 이것을 '예정조화', '빈틈없는 섭리'라고 떠들어대는 벤담을 견딜 수 있었을까요. '속물의 원형', 이 정도면 부드러운, 너무나 부드러운 욕설로 보입니다.

우리는 다음 책인 시리즈의 11권에서 이 예정조화, 이 빈틈없는 섭리를 '축적의 일반법칙'이라는 말로 부를 겁니다. 그리고 이 법칙이 관철되면서 나타나는 19세기 자본주의사회의 참상을 볼 겁니다. 이 참상에 대한 기록 때문에 다음 책에서 다룰 『자본』 제23장(영어판 제25장)은 앞서 살펴본 '기계와 대공업'을 다루는 제13장(영어판은 제15장) 다음으로 많은 분량을 차지합니다.

다음 책에서 마르크스는 자본축적이 단순한 부의 축적이 아니라 권력의 축적이며, 자본주의는 경제구성체인 동시에 권력구성체라는 것, 하나의 주권 체제라는 것을 보여줄 겁니다. 여기서 노동자는 "헤파이스토스의 쐐기가 프로메테우스를 바위에 결박시킨 것보다 더 단단하게 자본에 결박"됩니다.[김, 879; 강, 876] 자본의 신민으로서 철저하게 예속되는 거죠.

사실 마르크스는 이번 책에, 다음 책으로 이어지는 단서를 하나 흘렸습니다. 자본축적과 더불어 자본가의 지배적 유형이 '고전적 자본가'에서 '근대적 자본가'로 넘어가는 대목인데요. 축적이란 "사회적 부의 세계를 정복"하는 것인데 이것은 "착취당하는 인간재료의 양을 확대"하는 일이기도 합니다. 그런데 자본의 착취 대상인 인간재료가 늘어난다는 것은 그만큼 자본가(자본)의 권력, "자본가의 직접적·간접적 지배(Herrschaft)"가 확대된다는 뜻입니다.[김, 808; 강, 811] 마르크스는 이를 두고 '치부욕'(Bereicherungstrieb)이 '지배욕' (Herrschsucht)을 한 요소로서 포함하고 있다고 했습니다.[김, 808, 각주 22; 강, 811, 각주 34]

그리고 곧이어 자본주의가 발전하고 자본축적이 증대하

면 수전노처럼 돈을 긁어모으던 고전적 자본가와 결별한다고 했지요. "더 이상 자본의 단순한 화신이기를 그만둔다"라고요. 이것은 일정한 향락을 즐긴다는 뜻도 있지만, 나는 이것이 통치와도 관련된다고 생각합니다. 여전히 자본의 화신이기는 하지만 '단순한'(bloß) 화신은 아닌 것이지요.

내가 이런 생각을 한 것은 앞서도 말한 것처럼 마르크스가 인용한 실러의 시구 때문입니다. 근대의 자본가는 고전적 자본가 즉 과거 자신의 모습("자신의 아담")에 대해 '인간적 감동'을 느낀다고 했는데요. 마르크스가 이 구절을 따온 실러의 작품에서 '인간적 감동'을 느낀 주체는 시칠리아의 정복군주이자 참주인 디오니시우스입니다. 마르크스는 사회적 부의 세계를 정복한 자본가를 고대 이탈리아 반도를 정복한 참주에 비유한 겁니다. 자본축적과 더불어 자본가의 지배가 확대된다고 말한 후 참주 디오니시우스를 떠올린 것이 우연은 아닐 겁니다. 자본축적과 더불어 자본의 참주정 즉 자본의 독재가 구축되어간다는 뜻이 아닐까, 나는 그렇게 생각합니다.

다음 책에서 우리는 자본의 참주정, 자본의 독재가 관철되는 세상을 볼 겁니다. 우리가 지금까지 살펴본 참상이 거대한 규모로 재현되고, 절대적이고 일반적인 사회법칙으로 자리하는 것을 볼 겁니다. 지금까지 자본의 범죄를 추적해온 마르크스가 쓴 독재자 자본에 대한 기소문이라고 보아도 좋을 겁니다. 이 독재자는 무슨 죄로 기소될까요. 그에게는 어떤 선고가 내려질까요.

마르크스는 무서운 고발장 하나를 마치 예고편처럼 주석에 달아두었습니다. 루터가 '자본가의 낡은 형태'인 고리대금업자에 관해 설교한 것인데요. 루터는 고리대금업자를 '도둑이자 살인자'라고 부릅니다. "온 세상을 굶주림과 목마름과 슬픔과 궁핍 속에 빠뜨"리고 있는 큰 도둑이고 큰 살인자인데, 사람들은 "신의 혜택을 받듯이 그들의 혜택을 받아 영원히 그들의 노예가 되기를 원"합니다. 루터는 고리대금업자를 소도둑 카쿠스Cacus에 비유합니다. 소꼬리를 잡고 뒤로 끌고 자기 동굴로 들어갔기에 발자국만 보면 마치 소가 그의 동굴에서 나온 것처럼 보이죠. 하지만 사실 카쿠스는 "모든 것을 도둑질하고 약탈하고 먹어치우는 악당"이지요. 고리대금업자도 마찬가지입니다. "고리대금업자는 자신이 세상에 유익하고 세상에 황소를 선사하는 것처럼 속이려 하지만 사실은 황소를 혼자 차지하고 다 먹어치우는" 도둑이고 사기꾼이고 살인자입니다. 이 고리대금업자를 어떻게 해야 하는가. 루터는 에두르지 않고 준엄하게 말했습니다. "사람들은 노상강도나 살인자, 가택 침입 강도를 찢어 죽이거나 목을 베듯이 고리대금업자들을 그 이상으로 찢어 죽이고, […] 내쫓고, 저주하며, 목을 베어야 한다."[김, 808, 각주 22; 강, 811, 각주 34]

'건축물' 비유와 재생산의 관점

프리드리히 니체는 2000여 년 전부터 철학자들은 끊임없이 건축물을 세워왔다고 했습니다.[42] 마치 '가장 확고한 토대들'(sichersten Grunde)이라도 되는 양 낡은 신념들을 기반으로 삼아서 말입니다. 건축물을 무너뜨리는 가장 확실한 방법은 토대를 공격하는 겁니다. 토대를 건드리면 건축물 전체가 무너집니다. 니체는 자신이 한 일이 그렇다고 했습니다. 철학적 건축물들의 토대를 뚫었다고요. 이 점에서 그의 비판은 '건축물의 해체', 자크 데리다(Jacque Derrida)의 용어를 쓰자면 '탈구축'(탈건축, déconstrution)인 셈입니다.[43]

○'자본주의'라는 건축물──니체의 말이 옳다면 "플라톤 이후 유럽의 모든 철학적 건축가들의 작업"[44]은 토대 위에 건축물을 올리는 것, 다시 말해 '토대/상부구조' 형식을 취하고 있다고 할 수 있습니다. 무엇을 토대로 삼느냐, 토대 위에 상부구조를 어떻게 쌓아 올리느냐만 다를 뿐 사유의 건축물을 세웠다는 점에서는 같습니다. 서구 철학사에 '건축에의 의지'가 작동하고 있는 겁니다.[45]

　　참고로 왜 '플라톤 이후'인지 의문이 들 수 있는데요. 가라타니 고진(柄谷行人)에 따르면 고대 그리스의 사상가들은 크게 두 부류로 나뉩니다. 한편에는 세계를 살아 있는 유기체처럼 보는 사람들, 세계를 '생성'으로서 사유하는 사람들이 있고, 다른 한편에는 세계를 미리 계획된 작품으로 보는 사람들, 조물주의 제작물('건축가로서의 신')로 보는 사람들이 있지요. 가라타니에 따르면 플라톤은 후자의 관점에 섰습니다. '건축'의 관점에서 '생성'의 사유에 맞섰던 거죠. 그런데 이런 사람들은 소수파였습니다(나중에는 주류가 되지만요). 그리스 사상의 본류라기보다 이방의 사유였지요.[46] 가라타니는 아마도 이집트에서 들어왔을 거라고 말합니다. "이집트는 영혼의 불멸, 일신교, 계획적으로 통제된 국가라는 개념들이 비롯된 곳"이니까요.[47] 사실은 니체 역시 그렇게 추측했습니다. 그는 플라톤 철학과 "아시아와 이집트에서의 거대한 건축양식" 사이에 모종의 관련이 있음을 시사했지요.[48]

우리는 마르크스한테서도 이런 건축물을 발견할 수 있습니다. 『정치경제학 비판을 위하여』의 「서문」(1859)에서 그는 오랜 연구 끝에 도달한 결론을 '토대/상부구조'라는 건축물로 표현했습니다.[49] 여기서 토대에 해당하는 것은 경제적 구조입니다. 생산력과 생산관계로 이루어져 있지요. 이 토대 위에 상부구조가 없힙니다. 법적·정치적·종교적·예술적·철학적(이데올로기적) 영역이 여기에 해당합니다. 이 비유는 사회의 기본 성격이 어디에 달려 있는지를 단번에 보여줍니다. 토대가 흔들리면 그 위에 아무리 그럴싸한 상부구조를 쌓아 올려도 의미가 없습니다. 마르크스는 비유를 통해 경제적 구조의 중요성 내지 규정력을 쉽게 보여줄 수 있었습니다. "물질적 생활의 생산양식이 사회적·정치적·정신적 생활과정 일체를 조건 짓는다"[50]라는 말을 이미지화할 수 있었지요.

'건축물' 비유는 사회를 정태적으로 분석할 때만이 아니라 역사적 변동을 설명할 때도 위력을 발휘합니다. 사람들이 지닌 의식이나 법률·정치·종교·예술이 아니라 경제적 구조가 역사적 변동의 근본 원인이라는 것을 이미지화하지요. 상부구조의 변화는 (일정한 자율성이 허용된다 하더라도 기본적으로는) 토대에서 일어난 변화를 반영할 뿐입니다. 경제적 토대에서 일어난 변화가 지진이 전달되듯 상부구조의 변혁을 낳습니다.

요컨대 마르크스는 '건축물' 비유를 통해 유물론자가 어떻게 사회를 분석하고 역사적 변동을 이해하는지를 보여주었습니다. 이 점에서 건축물은 좋은 비유라고 할 수 있지요. 하지만 비유는 어떤 사실을 납득시키는 데는 도움이 되지만 또 다른 점을 생각하는 데는 방해가 되기도 합니다. '토대/상부구조' 비유도 그렇습니다. 이 비유를 통해서는 '상부구조'의 영역, 이를테면 법률·정치·종교·예술·이데올로기 등이 자본주의적 생산양식과 관련해 어떤 역할을 수행하는지 알기 어렵습니다. 토대로부터 일정한 '상대적 자율성'을 갖는다거나 토대에 대한 일정한 '반작용'을 가한다는 식의 소극적 언급을 할 수 있을 뿐이지요.[51]

무엇보다 사회를, 생성하고 발전하며 소멸하는 것으로서 고찰할 때 건축물은 좋은 비유가 아닙니다. 플라톤이 생성의 사유에 맞서 건축의 사유를 내세웠다고 했는데요. 확실히 건축물은 생성이나 운동을 사고할 때는 적합한 이미지가 아닙니다. 사실 마르크스가 사회의 이미지로 더 많이 활용한 것은 유기체였습니다. 본문에서 말한 것처럼 마르크스는 사회를 다양한 기관들로 이루어진 유기체로 묘사하곤 했습니다. 사회를 이런 식으로 보면 건축물로 볼 때와는 다른 점을 고려하게 되지요. 유기체는 생산과 소비 활동을 지속함으로써만 살아남을 수 있습니다. 가만히 있을 때조차 끊임없는 대사 작용이 일어나지요.

사회구성체를 이루는 요소들 사이의 위계를 보여주는데는 '토대/상부구조' 비유가 탁월합니다. 어떤 요소가 지배적 영향력을 행사하는지 한눈에 보여주니까요. 그런데 유기체 관점에서 보면 설령 요소들 사이의 위계를 인정한다 하더라도 중요한 것은 '요소'가 아니라 '관계'입니다. 생명은 특정 요소가 아니라 요소들 사이의 관계에 달려 있음을 깨닫게 되지요. 설령 생명의 최종심급이 심장에 달려 있다는 말이 옳더라도 우리는 뇌와 폐, 위장의 기능을 무시할 수 없습니다. 이들의 관계가 깨지면 결국에는 심장도 멎을 수밖에 없습니다.

물론 유기체 비유에도 한계가 있습니다. 목적론이 개입할 수 있지요. 부분인 구성 요소들을 전체 유기체의 생명 유지라는 관점에서만 이해하는 겁니다. 손은 먹을 것을 붙잡기 위해 존재하고 입은 그것을 씹기 위해 존재한다는 식으로 말이지요. 마치 그런 기능을 위해 그 기관이 탄생한 것처럼 생각하게 되지요(눈이 있어서 보는 게 아니고, 보기 위해서 눈이 탄생했다는 식으로요). 사회구성체의 요소들을 이런 식으로 신체의 기관처럼 파악하면 이 요소들이 지닌 탈기관화(탈조직화)의 잠재력을 읽어내기 어렵습니다(이 점에서 장애인들은 놀라운 실험자들입니다. 이들은 신체의 기관에 대한 통상적 이미지에 도전합니다. 이들은 신체 기관이 무엇까지 될 수 있는지, 다시 말해 기관을 어디까지 탈기관화할 수 있는지를 실험합니다. 입으로 펜을 쥐고, 손으로 글자를 읽습니다). 이런 사고방식에 빠지면 편제 내지 배치의 미묘한 변화만으로 동일한 사물이 다른 기능을 수행할 수도 있고 동일한 기능이 갑자기 전체 신체의 해체를 야기할 수 있다는 걸 알기 어렵지요(『성부와 성자』, 28~34쪽).

○재생산의 관점에서 본 자본주의 그리고 국가──그러나 비유를 쓸 때의 한계를 염두에 둔다면, 사회를 여러 기관들로 이루어진 복합적 신체처럼 생각하는 것에는 큰 유용성이 있습니다. 이번 책의 주제와 관련해서 보자면 사회의 '재생산' 문제를 떠올리게 해주지요. '건축물' 비유에서는 경제적 토대가 무너질 때 사회가 붕괴합니다. 그런데 '신체' 비유에서는 재생산에 실패할 때 사회가 죽음에 이르지요. 사람들이 살아가는 데 필요한 재화들이 더 이상 생산되지 않는다면, 다시 말해 생산과정의 갱신이 이루어지지 않는다면, 사회는 그 형태와 상관없이 죽음에 이릅니다.

　　본문에서 보았듯 마르크스는 이번 주제를 다루면서 "재생산의 관점에서 본다면"이라는 말을 반복했습니다. 재생산의 관점을 도입하면 사회의 구성 요소들이 재생산을 위해 어떤 기능을 수행하고, 각각의 기능이 서로 어떻게 맞물려 있는지를 해명할 수 있습니다. 알튀세르는 마르크스가 재생산의 관점을 도입한 것의 의의를 이렇게 말했습니다.[52] 건축물 비유로는 구성 요소들을 나열하고 묘사했을 뿐이지만, 즉 아무런 '개념적 대답'(réponse conceptuelle)도 제공하지 않은 채 그냥 요소들만 보여주었을 뿐이지만, 재생산 관점을 도입함으로써 드디어 이 요소들에 대한 해명이 이루어질 수 있게 되었다고요.

　　사회구성체가 재생산이 되려면 무엇이 필요할까요. 생산이 반복되려면 생산수단이 계속 제공되어야 합니다. 생산수단의 재생산이 필요하지요. 이에 대해서는 이미 본문에서 길게 말했으므로 더 언급하지 않겠습니다. 다만 이런 재생산은 개별 자본가 수준에서는 사고될 수 없다는 점만을 다시 확인해둡니다. 방직업자가 재생산에 성공하려면 면화와 방추가 필요한데요. 그는 그것들을 직접 생산하지 않습니다. 방직업자의 재생산 조건은 면화 재배업자와 방추 제조업자에게 달려 있지요. 사회 전체의 재생산을 위해 어떤 생산물을 얼마만큼 생산해야 하는지를 개별 자본가가 알 수는 없습니다. 마르크스가 사회적 총자본과 총자본가를 말하는 것은 이런 이유입니다.

　　마르크스는 이것들을 조절해주는 전체 생산 메커니즘이 있는 것처럼 말합니다(추가노동력의 공급과 관련해 그는 "자본주의 생산 메커니즘은 그것을 위해 이미 마음을 써"두었다고 했는데요, 이런 표현이 그런 느낌을 줍니다[김, 793; 강, 797]). 우리 신체에서 항상성을 유지하는 메커니즘이 작동하는 것처럼 말입니다. 물론 마르크스가 이 메커니즘의 성공이 보장되어 있다고 본 것은 아닙니다. 오히려 부문별 불일치 때문에 크고 작은 공황이 생겨날 수 있다고 보았지요.

그래서 현실적으로는 이런저런 불일치의 문제를 조절할 기구 내지 장치가 있어야 합니다. 국가 말입니다. 국가는 다양한 산업 정책을 통해 생산수단의 재생산에 큰 문제가 생기지 않도록 관리하고, 생산수단과 소비수단의 비율에도 신경을 씁니다.

사실 관리자로서 국가의 역할이 더욱 요구되는 곳은 노동력 쪽입니다. 노동력은 생산력의 원천입니다. 기계 자체도 물론 생산성을 높이는 데 크게 기여합니다만 기계의 도입으로 생산성이 높아지는 것은 노동자들로 하여금 더 많은 능력, 더 고급의 능력을 발휘하게 하기 때문입니다. 이를테면 컴퓨터의 등장으로 오늘날 노동자는 19세기 노동자들이 상상하지도 못할 지적·예술적 능력을 발휘하지요(참고로 마르크스는 '고급 노동'의 경우 '더 많은 노동'을 수행한 것과 같다고 말한 바 있습니다. 『거인으로 일하고 난쟁이로 지불받다』, 53쪽). 마르크스가 생산성 증대를 '노동생산력의 증대'라고 부르는 이유가 여기 있습니다. 노동력의 재생산은 자본 재생산에 필수불가결합니다. 마르크스가 쓴 편지의 문구를 빌리자면, "노동이 중지되면 어떤 나라도 1년은커녕 몇 주도 안 돼 쓰러질 수밖에 없다는 건 아이들도 아는" 사실입니다.[53]

그렇다면 노동력의 재생산은 어떻게 이루어지는가. 마르크스는 본문에서 임금이 지급되면 노동력의 재생산이 이루어진다고 했습니다. 임금은 노동자들의 "근육과 뼈, 두뇌를 재생산"하고, 노동자의 자식들 즉 미래 노동자들의 근육과 뼈, 두뇌도 생산합니다. 게다가 임금은 노동자들의 빈곤도 재생산합니다. 자본주의에서 임금수준은 노동자로 하여금 다시 노동력을 팔아야만 하는 상황에 놓이게 하지요. 즉 노동력을 팔아야만 하는 상황을 재생산합니다. 마르크스는 자본가가 임금만 지급하면 나머지 일은 저절로 이루어지는 것처럼 말했습니다. 노동자는 '본능'에 따라 자신을 돌보고 자식을 키울 거라고요. 그리고 별수 없이 또 노동력을 팔러 나올 거라고요. 자본가가 신경 쓰지 않아도 노동력이 알아서 재생산되고 알아서 공급된다는 겁니다.

　과연 그럴까요. 노동력의 재생산이 생물학적 능력, 말하자면 건강의 재생산을 의미하는 것이라면 그럴지도 모르지요. 하지만 자본가가 필요로 하는 노동력은 건강 이상의 능력입니다. 상당한 교육과 훈련을 필요로 하는(보통 우리가 자격증으로 증명하는) 자질들을 갖추어야 하지요. 생물학적 능력만으로는 충분하지 않습니다. 읽고 쓰고 셈할 줄 아는 것은 물론이고 더 고차적인 자질, 이를테면 문학적·과학적·예술적 소양을 갖추어야 합니다. 어떤 자질은 생산 현장에서 당장에 필요한 것이고, 어떤 자질은 잠재적으로 필요한 것이며(상품을 창안하거나 개량할 때 혹은 상품의 생산방식을 바꿀 때), 어떤 자질은 생산 노동자에게, 어떤 자질은 중간관리자에게, 또 어떤 자질은 경영자에게 필요합니다.

중세의 장인은 작업장에서 도제들을 직접 가르쳤습니다. 일을 시키면서 일을 가르쳤지요. 그러나 자본주의에서는 그렇지 않습니다. 직무와 직접 관련된 몇 가지 기술은 생산 현장에서 훈련시키지만, 대부분의 자질들은 생산 현장 바깥에서, 이를테면 학교나 학원, 직업훈련소 등 다른 기관에서 이루어집니다.[54] 개별 자본가의 직접적 영향력이 미치지 않는 곳들이지요. 국가의 개입이 필요한 영역입니다.

교육만이 아닙니다. 노동력의 공급과 관련해서는 실업자나 구직자들, 소위 '산업예비군'이라 불리는 사람들에 대한 관리도 중요합니다. 다음 책에서 보겠지만 산업예비군은 자본주의에서는 일정 규모 이상으로 존재할 수밖에 없는 사람들입니다. 이들은 자본의 재생산에서 중요한 역할을 수행합니다. 이들이 노동력의 저수지를 이루는 덕분에 수요 변동에 따라 노동력의 탄력적 공급이 가능합니다. 이미 취업한 노동자들에게 저임금과 고강도 노동을 강요할 수 있는 배경도 되고요. 그런데 이들은 기업 바깥에 존재하기 때문에 자본가의 직접적 관리를 받지 않습니다. 임금을 통해 이들 노동력의 재생산이 담보되지 않지요. "자본가들이 필요로 하지만 그들 스스로는 직접적 보장을 제공할 수 없는 노동력의 스톡"이라 할 수 있습니다.[55] 이들은 실업수당이나 근로장려금, 고용보험 등 다양한 사회제도를 통해 관리됩니다. 역시 국가의 관리가 필요한 영역입니다.

　'토대/상부구조' 비유에서는 국가의 이런 기능을 적극적으로 사고하기 어렵습니다. 경제적 토대에 의해 규정되는 상부구조라는 식으로 평가절하 될 수 있지요. 그러나 재생산의 관점에서 보면 국가의 외적 개입은 자본 재생산의 내적 조건입니다. 노동력 관리자로서 국가가 제 기능을 발휘하지 못한다면 토대에 해당한다고 하는 물질적 생산이 이루어질 수 없으니까요.

　사실 『자본』 I권에도 국가가 노동력 관리자로 나서는 장면이 몇 번 나옵니다. 대표적인 곳이 '노동일'에 관한 장입니다. 마르크스는 대공업이 본격화하기 전, 즉 자본관계가 사회 전체를 장악하기 전, 국가가 노동력 공급에 큰 역할을 했다고 했습니다. "경제적 관계의 힘만으로는 잉여노동을 충분히 흡수할 수 없어 국가권력의 도움을 받"았다고요(『공포의 집』, 128쪽). 국가는 법령을 통해 노동하지 않는 자들을 혹독하게 처벌했고 노동자들의 노동일도 강제로 늘렸습니다(이에 대해서는 우리 시리즈의 마지막 책에서 다시 확인할 겁니다). 일종의 노동 수용소인 구빈원을 통해 노동윤리를 내면화하도록 만들기도 했습니다(『공포의 집』, 138쪽).

　그렇다면 기계제 대공업 이후에는 노동력 관리를 하지 않았을까요. 그렇지 않습니다. 마르크스가 공장법을 다루면서 보여준 것처럼 국가는 다양한 법령과 제도로 '자본의 정신'이 관철되도록 돕습니다(물론 국가의 개입 양상과 범위는 계급

투쟁과 정세에 따라 달라진다는 점에도 유의해야 합니다). 다만 『자본』은 자본의 운동을 통해 자본의 재생산을 해명하려 하기 때문에 노동력의 재생산도 가변자본의 운동 안에서만, 즉 임금과 관련해서만 다루지요. 그러나 앞서 말한 것처럼 국가의 외적 개입은 노동력 재생산의 내적 조건이라고 불러도 좋을 만큼 필수적입니다. 오늘날에도 우리는 노동일의 길이, 노동력의 제공 형태, 고용의 유연성, 실업자 및 구직자의 관리, 미래 노동력의 육성 등에서 국가가 얼마나 자주, 얼마나 깊숙이 개입하는지, 매일 쏟아져 나오는 경제 관련 뉴스만 살펴봐도 확인할 수 있습니다.

○이데올로기와 복종의 재생산──이 점에서 알튀세르의 지적은 중요합니다. 노동력의 재생산은 "물질적 조건들을 보장하는 것"만으로는 불충분합니다.[56] 기술과 지식에 대한 교육이 필요합니다. 그런데 알튀세르가 더욱 강조하는 것이 있습니다. 그것은 복종입니다. "노동력의 재생산은 그 자격의 재생산만이 아니라 기존 질서의 규칙들에 대한 복종의 재생산"을 필요로 합니다.[57] 노동자는 기술과 지식만이 아니라 복종을 배워야 합니다(사실은 자본가도 그렇습니다. 자본가도 자본가이기 위해서는 자본주의의 질서를 존중하고 지배 이데올로기에 먼저 젖어 있어야 하지요).

'노동일'에 관한 장에서 구빈원을 다루면서 나는 이런 이야기를 한 적이 있습니다. 상품을 생산하는 것만큼이나 노동자의 생산이 중요하다고. 자본주의는 상품의 생산양식이지만 또한 주체성의 생산양식이라고(『공포의 집』, 134~135쪽). 노동수용소였던 구빈원은 노동자를 만들어내는 일종의 주체성 생산의 장치였습니다. 자본주의 초창기에는 노동자 생산에 관여한 폭력적인 장치가 많았습니다. 소위 '피와 불의 입법'이 많이 있었지요.

지금도 여전히 억압적인 국가장치(경찰, 군대, 감옥 등등)는 상당한 정도로 주체성의 생산에 관여합니다. 모든 성인 남성이 원칙적으로 군대를 다녀와야 하는 한국 사회에서는 특히 그렇지요. 그러나 주체성의 생산과 관련해 억압적 방법을 쓰는 데는 한계가 있습니다. 외적 복종을 강제할 수는 있지만 내적 복종까지 끌어내기는 어렵지요. 게다가 폭력적인 만큼 강한 반발을 불러일으킬 수 있습니다.

그런데 이와는 다른 장치들이 있습니다. 알튀세르가 '억압적 국가장치'와 구분해 '이데올로기적 국가장치'라고 부르는 것들인데요. 교육(학교), 종교(교회), 가족, 미디어, 문화 등에서 작동하는 장치입니다. 폭력보다는 주로 이데올로기를 통해 기능하는 장치이지요(물론 알튀세르는 경찰이나 군대 같은 억압적 장치에도 이데올로기가 작동하며, 학교나 교회에도 폭력이 사용된다는 점을 인정합니다. 다만 주요 수단이 무엇인가로 둘을 나눈 겁니다[58]).

이 중에서도 학교가 특히 중요합니다. 학교는 지식과 기술을 교육할 뿐 아니라 지배 이데올로기를 주입하는 역할을 합니다(물론 교육 현장이 아무런 갈등도 없이 지배 이데올로기를 일방적으로 주입하는 장이라고 말할 수는 없습니다. 이것은 이데올로기적 국가장치라는 견지에서 하는 말입니다). "다른 어떤 이데올로기적 국가장치도 [학교처럼] 자본주의 사회구성체의 어린이들 전체를 일주일에 5, 6일 그리고 매일 8시간씩, 여러 해 동안 의무적 청중으로 만들 수는 없"습니다.[59]

학교 외에도 이데올로기 장치는 온갖 곳에서 온갖 방식으로 작동합니다. 노동자들은 다양한 이데올로기 장치(학교, 교회, 가족, 조합, 미디어 등)에 둘러싸인 채로 일상을 살아갑니다. 그 안에서 일하고 배우고 사람을 만나고 휴식을 취합니다. 이렇게 살아가다 보면 어느덧 '돈이 돈을 낳는다'라는 말이 하나도 이상하지 않고(자본이 이윤이나 이자를 낳았다는 말이 자연스럽지요), 사물과 행동의 상품성을 생각하게 되고, 노동력을 상품으로 거래하는 것도 자연스럽고, 빈곤이 착취의 결과라기보다 자기 선택과 능력의 결과라는 사고도 자연스럽게 받아들입니다.

물컵에 넣은 막대가 꺾여 보이는 것처럼 왜곡된 현상이지만 개인적 착각이나 공상으로 볼 수는 없습니다. 시리즈의 이전 책들에서 몇 차례 말한 것처럼, 이것은 사회적 관계 속에서 나오는, 더욱이 다양한 사회적 장치와 제도 속에 살면서 형성된, 집단적이고 객관적인 가상이지요. 무의식적으로 렌즈가 장착된다고 할까요. 사물들이 특정한 형태로 보입니다. 그리고 그에 따라 개인들의 의식도 특정한 형태로 만들어지고요. 이렇게 의식까지 사로잡혔을 때 노동자는 완전한 '자본의 부속물'이 될 수 있습니다. '자본의 노동자'로 재생산되는 것이지요(자본가 역시 이런 이데올로기 속에서 자본가로서 재생산되고요).

물론 마르크스가 여기까지 이야기했던 것은 아닙니다. 알튀세르가 재생산의 관점에 입각해 마르크스의 이야기를 더욱 밀고 가본 것이지요. 어쨌든 재생산의 관점을 끌어들임으로써 자본의 재생산, 특히 노동력의 재생산과 관련된 국가의 역할, 이데올로기의 기능을 생각할 수 있게 된 겁니다.

○저항의 재생산 혹은 주체 재생산의 위기──이런 조건에서 우리가 저항을 사고할 수 있을까요. 재생산의 관점에서 보면 자본주의의 위기는 토대의 붕괴보다는 재생산의 실패에서 온다고 할 수 있는데요(굳이 말한다면 재생산의 실패가 토대의 붕괴를 낳습니다). 자본주의의 위기는 생산수단의 재생산과도 관련되지만 당연히 노동력의 재생산과도 관련됩니다. 그리고 노동력의 재생산에는 기술과 지식을 갖춘 노동력을 충분히 양성해내는 문제만이 아니라 복종의 재생산, 즉 자본주의 노동자로서 주체성을 재생산하는 문제가 포함됩니다.

그런데 방금 소개한 알튀세르의 이데올로기론에서는 노동자의 저항이나 이탈을 사고하기가 어렵습니다. 이데올로기를 통해 노동자가 노동자로 재생산되는 것이라면, 노동자가 노동자인 채로 이데올로기에 저항한다는 것은 생각하기 어렵지요.

진태원에 따르면 알튀세르가 택할 수 있는 길은 두 가지입니다.[60] 하나는 부르주아 이데올로기와는 다른 프롤레타리아 이데올로기를 상정하는 겁니다. 저항 이데올로기를 상정함으로써 지배 이데올로기를 상대화하는 것이지요. 부르주아 계급의 이데올로기에 젖어 있는 노동자들에게 프롤레타리아 계급의 이데올로기를 주입함으로써 저항의 주체로 만들 수 있다는 생각이지요. 두 계급의 투쟁을 두 이데올로기의 투쟁으로 사고하는 겁니다(내 생각에 이 길은 기본적으로 '토대/상부구조' 모델에 입각하고 있습니다. 토대의 계급적 규정이 그대로 상부구조의 이데올로기에 반영된 거죠).

또 하나는 부르주아와 프롤레타리아의 존재론적 상이성 내지 불균등성을 강조하는 겁니다. 재생산의 관점을 취할 때, 나는 개인적으로 이 두 번째 길이 훨씬 더 흥미롭습니다. 두 계급은 자본주의를 함께 구성하고 있지만 상이한 형성과정, 상이한 역사를 갖고 있습니다(시리즈의 마지막 책에서 간단히 살펴볼 겁니다). 자본주의에서 두 계급은 함께 재생산되지만 애초 생산은 달랐다는 이야기지요. 생산과 재생산을 구분해야 한다는 겁니다.

이를테면 근대 초기 영국에서는 인클로저(enclosure)를 통해 프롤레타리아들이 대규모로 생겨났습니다. 마르크스에 따르면 "대량의 인간이 갑자기 폭력적으로 자신의 생존수단에서 분리되어 보호받을 길 없는 프롤레타리아로서 노동시장에 내던져진 사건"이 일어났습니다[김, 981; 강, 964~965]. 그러나 이 사건은 애초 노동력의 생산을 위해 기획된 것이 아닙니다. 단지 양모 값이 오르자 더 많은 양을 키우기 위해서 혹은 그냥 넓은 사냥터가 필요해서 농민들을 쫓아냈던 것뿐입니다. 중요한 것은 "이 과정의 결과가, 이 결과를 가능하게 했지만 이 결과에 대해 전적으로 낯선 한 과정 속에 기입되었다"라는 사실입니다.[61] 자본주의적 생산을 위해 준비된 것이 아니었지만 사건의 결과가 새로 생겨나고 있던 체계의 재생산 메커니즘 속에 기입되면서 이 체계의 일부로서 계속 재생산이 이루어지게 되었다는 거죠.

여기서 '기입'(inscription)이라는 말에 눈길이 갑니다. 자본주의 사회구성체의 요소들이 원래 자본주의적으로 탄생한 것이 아니라 자본주의적 질서 속에 편제되었다는 뜻입니다. 나는 이전 책에서 마르크스의 '인도론'에 대해 비슷한 이야기를 한 적이 있습니다. 영국은 인도 사회를 자본주의적으로 재편했지만, 이 과정이 아무리 성공적으로 이루어진다고 할지라도 "거기에는 '합체할 수는 있지만 용해할 수는 없는' 요소들이 남"는다고 말입니다(『거인으로 일하고 난쟁이로 지불받다』, 206쪽). 식민주의가 작동하는 곳에서는 언제나 이 문제가 나타납니다. 합체되기는 하지만 용해되지는 않는 요소들, 도저히 동화시킬 수 없는 어떤 이질성이 남습니다. 그리고 이 이질성이 체계를 위협하는 불안의 원천이 됩니다.

인도에 적용된 이야기는 노동자계급에도 일정 부분 적용

될 수 있습니다(실제로 마르크스는 노동자계급을 식민지인들처럼 묘사했습니다. 자본가계급과 노동자계급의 교환을 로마와 식민지였던 소아시아의 관계로 설명하곤 했지요). 비록 자본주의적 생산과정에 편제되어 가변자본으로 기능하고 있지만 노동자계급에게는 어떤 이질성, 합체되었지만 용해되지 않는 어떤 요소들이 들어 있습니다(이것은 기계에도 해당하는 이야기입니다. 마르크스는 기계 자체와 기계의 자본주의적 사용을 구분했지요. 기계가 자본주의에서 고정자본으로 사용된다고 해서, 기계가 고정자본으로서 발명된 것은 아니니까요. 마르크스는 노동력을 빨아들이는 수단으로 편제된 기계 안에 '블랑키보다 더 위험한 혁명가'가 숨어 있다는 생각을 했습니다(『자본의 꿈 기계의 꿈』, 213쪽).

이런 이질적 요소들은 노동자계급이 자본주의적 생산을 위한 기관들(가변자본)로 기능할 때조차 탈기관화의 잠재성, 다시 말해 비자본주의 내지 탈자본주의적 기능을 수행할 잠재성을 갖고 있습니다. 재생산의 관점에서 보면 이런 잠재성은 사라지지 않고 재생산됩니다. 자본의 확대재생산과 더불어 확대재생산 된다고 할 수 있지요. 어떤 경우에는 재생산의 과정에서 작은 충격, 작은 일탈, 작은 이동으로 예측할 수 없는 큰 사건이 벌어질 수도 있습니다. 마치 유전자의 복제과정에서 염색체의 일부분이 접히거나 잘리거나 뒤집히는 것만으로도 전체 신체의 변형이 초래될 수 있는 것처럼 말입니다.

'건축물' 비유를 쓴다면 사회구성체의 역사적 이행은 토대의 균열(생산력과 생산관계의 불일치)로 인한 기존 질서의 붕괴와 새로운 질서의 건축으로 설명할 수 있을 겁니다. 하지만 재생산 중인 '신체'의 비유에서 이행은 붕괴보다는 변신의 형태가 되지 않을까 싶습니다. 역사적 이행을 위한 별도의 메커니즘은 필요 없습니다. 생명체의 변이가 생명체의 재생산과정에서 일어나듯 새로운 사회로의 이행은 얼마든지 자본의 재생산과정을 통해 이루어질 수 있으니까요.

1   K. Marx, "트리어의 아버지에게"(1837년 11월 10일), *MEW* 42, pp. 3~11.

2   K. Marx, 같은 편지, p. 4.

3   Mary Gabriel, *Love and Capital,* 2011(천태화 옮김, 『사랑과 자본』, 모요사, 2015, 337쪽)

4   실러에 대한 마르크스의 여러 언급에 대해서는 Siegbert Prawer, "What did Karl Marx Think of Schiller?", *German Life and Letters,* Volume 29, Issue 1, October, 1975를 참조.

5   K. Marx, "맨체스터의 엥겔스에게"(1870년 7월 20일 편지), *MEW* 33, 6쪽.

6   F. Schiller, *Kabale und Liebe,* 1784(이원양 옮김, 『간계와 사랑』, 지만지드라마, 2019, 107쪽).

7   F. Schiller, "Die Bürgschaft", 1798(〈https://www.friedrich-schiller-archiv.de/inhaltsangaben/schiller-die-buergschaft-inhaltsangabe-interpretation-und-quelle〉, 김원익 옮김, 「인질」, <http://blog.naver.com/PostView.nhn?blogId=apollonkim&log No=221034199396>, 2020. 5. 20. 최종 접속).

8   Platon, *Epistolai,* VII(강철웅·김주일·이정호 옮김, 「일곱 번째 편지」, 『편지들』, 이제이북스, 2009, 83~127쪽).

9   <http://blog.naver.com/PostView.nhn?blogId=apollonkim&log No=221034199396>(2020. 5. 20. 최종 접속).

10 F. Nietzsche, *Die fröhliche Wissenschaft,* 1882, #341(안성찬·홍사현 옮김, 『즐거운 학문』, 책세상, 2005, 315쪽).

11 K. Marx, *Grundrisse der Kritik der politischen Ökonomie,* 1857~1858
    (김호균 옮김,『정치경제학 비판 요강』, II , 백의, 2000, 82쪽).

12 K. Marx,『정치경제학 비판 요강』, II, 13쪽.

13 K. Marx, 같은 책, 같은 쪽.

14 K. Marx, *Das Kapital,* 1885(김수행 옮김,『자본론』, II, 비봉출판사, 2015,
    489쪽).

15 K. Marx, 같은 책, 492쪽.

16 K. Marx, 같은 책, 490쪽.

17 K. Marx, 같은 책, 502쪽.

18 E. Balibar, "De la reproduction"(L. Althusser, E. Balibar, *Lire le Capital,* II,
    Maspero, 1968, p. 165).

19 K. Marx, *Grundrisse der Kritik der politischen Ökonomie* "Einleitung",
    1857(최인호 옮김,「『정치경제학 비판을 위한 기본 개요』의 서설」,『칼 맑스
    프리드리히 엥겔스 저작 선집』, 제2권, 2008, 460쪽).

20 A. Gramsci, *Quaderni del carcere,* 1929~1935(이상훈 옮김,『그람시의
    옥중수고 I』, 거름, 1992, 328쪽).

21 A. Gramsci, 같은 책, 330쪽.

22 K. Marx·F. Engels, *Manifest der Kommunistischen Partei,* 1848
    (최인호 옮김,『공산주의당선언』,『칼 맑스 프리드리히 엥겔스 저작 선집』,
    제1권, 박종철출판사, 1993, 433쪽).

23 John Locke, *Two Treatises of Government: The Second Treatise of
    Government-An Essay Concerning the True Original, Extent, and End of
    Civil-Government,* 1689(강정인·문지영 옮김,『통치론』, 도서출판 까치,
    1996, 34쪽).

24 John Locke, 같은 책, 35~36쪽.

25 John Locke, 같은 책, 49쪽.

26 N. Elias, *Die höfische Gesellschaft,* 1969(박여성 옮김, 『궁정사회』, 한길사, 2003, 155쪽).

27 N. Elias, 같은 책, 같은 쪽.

28 N. Elias, 같은 책, 154쪽.

29 M. Mauss, *Essai sur le don,* 1925(이상률 옮김, 『증여론』, 한길사, 2002)

30 F. Engels, "Die Polendebatte in Frankfurt", 1948(*Neue Rheinische Zeitung,* Nr. 91, 1. September, 1848), *MEW* 5, pp. 350~352.

31 F. Schiller, "Die Bürgschaft", 1798(김원익 옮김, 「인질」, <http://blog.naver.com/PostView.nhn?blogId=apollonkim&logNo=221034199396>, 2020. 5. 20 검색).

32 K. Polanyi, *The Great Transformation,* 1944(박현수 옮김, 『거대한 변환』, 민음사, 1996, 130쪽).

33 K. Polanyi, 같은 책, 124쪽.

34 K. Polanyi, 같은 책, 125쪽.

35 K. Marx, 『정치경제학 비판 요강』, II, 327쪽.

36 K. Marx, "Value, Price and Profit", 1865(김호균 옮김, 「임금, 가격 및 이윤」, 『경제학노트』, 이론과실천, 1987, 202쪽).

37 K. Marx, 같은 책, 254~255쪽.

38 K. Marx, 같은 책, 246쪽.

39 K. Marx, 같은 책, 257쪽.

40 K. Marx, 같은 책, 같은 쪽(번역은 수정).

41 K. Marx, 같은 책, 258쪽.

42 F. Nietzsche, "Vorrede", *Morgenröthe,* 1881(박찬국 옮김, 「서문」,
    『아침놀』, 책세상, 2004, 10~11쪽).

43 "오늘날 건축의 용어들은 철학적이고 이론적인 논의에서는
    어디서나 볼 수 있다. 따라서 플라톤으로부터 발전되어온
    형이상학을 무너뜨리는 운동에 우리가 해체론이라는 이름을 붙이는
    것도 우연이 아니다." K. Karatani, *Architecture as Metaphor:
    Language, Number, Money,* 1983(김재희 옮김, 『은유로서의 건축: 언어,
    수, 화폐』, 도서출판 한나래, 1999, 65쪽).

44 F. Nietzsche, 같은 책, 12쪽.

45 K. Karatani, 앞의 책, 65쪽.

46 K. Karatani, 같은 책, 66~68쪽.

47 K. Karatani, 같은 책, 68쪽.

48 F. Nietzsche, "Vorrede", *Jenseits von Gut und Böse,* 1886(김정현 옮김,
    「서문」, 『선악의 저편/도덕의 계보』, 책세상, 2002, 10쪽). 참고로
    가라타니는 '철학적 건축가들'에 대한 니체의 비판이 갖는 의의를
    인정하지만 그대로 수용하는 것은 아니다. 가라타니는 "이성을
    해체할 수 있는 것은 오직 이성 자신뿐"이라며, 니체의 비판은
    이성에 대한 불신에 기초한다는 점에서 낭만주의로 넘어갈 수밖에
    없다고 비판한다(K. Karatani, 같은 책, 70쪽).

49 K. Marx, "Vorwort", *Zur Kritik der politischen Ökonomie,* 1859
    (김호균 옮김, 「서문」, 『정치경제학 비판을 위하여』, 중원문화, 1989,
    6~8쪽).

50 K. Marx, 같은 책, 7쪽.

51 L. Althusser, "Idéologie et Appareils Idéologiques d'État", 1970(김동수 옮김, 「이데올로기와 이데올로기적 국가장치」, 『아미엥에서의 주장』, 솔, 1992, 82쪽).

52 L. Althusser, 같은 책, 83쪽.

53 K. Marx, "하노버의 루드비히 쿠겔만에게"(1868년 7월 11일 편지), *MEW* 32, p. 552.

54 L. Althusser, 위의 책, 79쪽.

55 Suzanne de Brunhoff, *The State, Capital and Economic Policy*, 1978 (신현준 옮김, 『국가와 자본』, 새길, 1992, 21쪽).

56 L. Althusser, 앞의 책, 79쪽.

57 L. Althusser, 같은 책, 80쪽.

58 L. Althusser, 같은 책, 91쪽.

59 L. Althusser, 같은 책, 101쪽.

60 진태원, 「과잉결정, 이데올로기, 마주침 : 알튀세르와 변증법의 문제」, 『알튀세르 효과』, 그린비, 2011, 96~100쪽.

61 L. Althusser, "Le courant souterrain du matérialisme de la rencontre", 1982(서관모·백승욱 편역, 「마주침의 유물론이라는 은밀한 흐름」, 『철학과 맑스주의』, 새길, 1996, 86~87쪽). 그리고 진태원, 같은 글, 105쪽.